CONÉCTATE CON CRISTO Y SU PALABRA

Lecciones de educación cristiana para adolescentes

ALUMNO

12 a 17 años

LIBRO 2

CLIC

CASA NAZARENA DE PUBLICACIONES

cnp

Publicado por
Casa Nazarena de Publicaciones
17001 Praire Star Parkway
Lenexa, KS 66220 EUA.

informacion@editorialcnp.com • www.editorialcnp.com

David Hayse, Director
Publicaciones Nazarenas Global

Germán Picavea, Editor General
Casa Nazarena de Publicaciones

Patricia Picavea, Editora
Publicaciones Ministeriales

Diseño de portada: Rubén Orozco
Diseño de interior: Jerson Chupina

ISBN 978-1-56344-658-0

Categoría: Educación cristiana

Presentación

P

¡Hola! estamos dejando en tus manos un libro que te ayudará a ser parte activa en tu clase. En él encontrarás secciones que te guiarán a trabajar diferentes aspectos de la lección mientras estudias la Palabra de Dios.

En la sección Conéctate tendrás un texto bíblico que resumirá el estudio de la lección, cuando memorices este versículo la Palabra de Dios se irá grabando en tu mente y corazón y esto ayudará a tu crecimiento espiritual.

En la sección Descargas podrás dar tu apreciación de algunos temas, respondiendo preguntas y haciendo ejercicios que te ayudarán a una comprensión más amplia del tema.

En la sección ¡Vamos al chat! encontrarás un desafío para tu vida. Esta sección te dejará una tarea para la semana en la cual podrás aprender a hacer práctica la lección que estudiaste.

Por último, en tu hoja de trabajo, encontrarás un recuadro con el nombre Sabías que..., esta sección te dará una información curiosa e importante que en ocasiones te desafiará, en otras ocasiones te hará pensar y en otras te mostrará un dato que quizá desconocías.

Las personas que trabajamos en la elaboración del Clic deseamos de todo corazón (y confiamos en el Señor que así sea) que este libro te acompañe en el estudio de temas interesantes como: Desafíos de la vida cristiana, viviendo la salvación, siendo y haciendo discípulos, administradores de la creación, la vida de relación, fechas especiales y diferentes conceptos a la luz de la Biblia.

Esperamos que disfrutes el estudio de la Biblia en este nuevo año y que, junto a tus compañeros y compañeras de clase, maestros y maestras, aprendas a vivir y disfrutar de tu vida cristiana.

Patricia Picavea

Editora, Publicaciones ministeriales

Conéctate | Descargas | ¡Vamos al chat!

Para memorizar: "Guárdame Dios, porque en ti he confiado" (Salmo 16:1).

Conéctate | Descargas | ¡Vamos al chat!

Responde las siguientes preguntas:

1. ¿Obedeces en todo a tus padres? Sí ____ No ____
2. ¿Por qué lo haces o por qué no lo haces? ____
3. ¿Hay algo que deseas hacer y tus padres no te dejan hacerlo? ____
4. ¿Por qué crees que tus padres te ponen restricciones o límites, o te niegan la posibilidad de participar de algo que tú realmente quieres hacer? ____
5. ¿Cómo aplicas esto a Dios? ____

Conéctate | Descargas | ¡Vamos al chat!

Procura separar un momento del día para tener tu cita con Dios. Lleva tu Biblia, un cuaderno, lápiz y si quieres un disco de música, cuya letra exalte el nombre de Dios por lo que Él es.

En tu cita, lee un pasaje de la Biblia. Piensa lo que esa Palabra significó para los que la escucharon y también lo que significa para ti hoy. Pon tus comentarios, sentimientos o aplicación en tu cuaderno y luego ora dando gracias a Dios por su amor y por hablarte.

¡No te preocupes si duras dos minutos o una hora. Si lo haces diariamente verás cómo cada vez más vas a disfrutar de este tiempo!

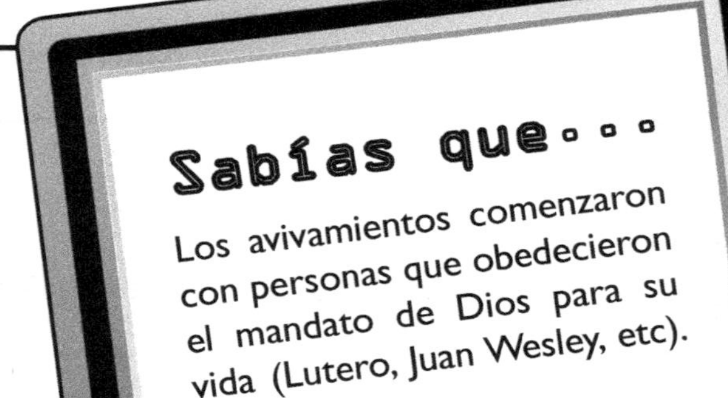
Sabías que...
Los avivamientos comenzaron con personas que obedecieron el mandato de Dios para su vida (Lutero, Juan Wesley, etc).

Lección 2

Conéctate | Descargas | ¡Vamos al chat!

Para memorizar: "Y creó Dios al hombre a su imagen, a imagen de Dios lo creó; varón y hembra los creó" (Génesis 1:27).

Conéctate | Descargas | ¡Vamos al chat!

A. Relaciona

1. ¿Cuáles fueron las instrucciones que Dios le dio a Adán de cómo cuidar el planeta? — Génesis 1:27
2. ¿Cuál fue el plan de Dios al crear al hombre y a la mujer? — Génesis 2:15
3. La auténtica finalidad de la creación no se encuentra pues en el ser humano, sino en Dios mismo. — Isaías 43:7

B. Descubre el mensaje oculto.

"Res sacra homo" (latín) =

"E _ _ o _ _ _ e
e _ u _ _ e _
_ a _ _ a _ o".

Explica este concepto a la luz de lo aprendido hoy.

____

____

____

____

Conéctate | Descargas | ¡Vamos al chat!

¿Qué cosas podrías hacer esta semana que ayuden a mostrar la imagen de Dios a los que te rodean?

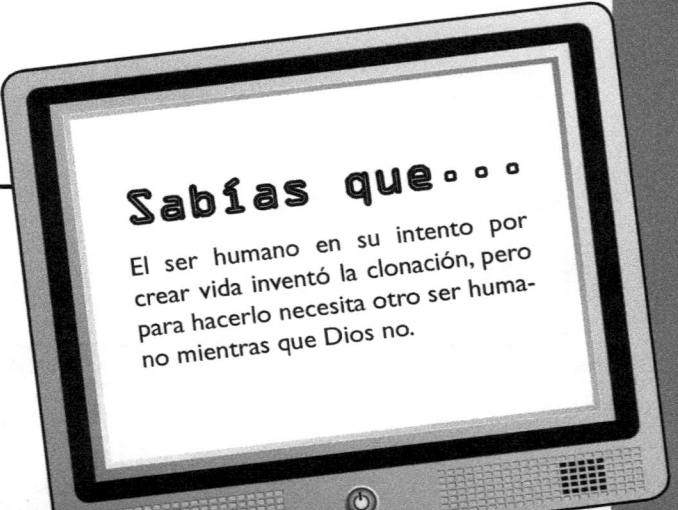

Sabías que...

El ser humano en su intento por crear vida inventó la clonación, pero para hacerlo necesita otro ser humano mientras que Dios no.

cnp

Lección 3

¿QUÉ CON TUS EMOCIONES?

Conéctate | Descargas | ¡Vamos al chat!

Para memorizar: "Sobre toda cosa guardada, guarda tu corazón; porque de él mana la vida" (Proverbios 4:23).

Conéctate | Descargas | ¡Vamos al chat!

Escribe V si es verdadero o F si es falso en cada una de los siguientes enunciados.

_____ La emoción es una forma de expresar lo que hay en nuestro interior.
_____ El amor es una emoción.
_____ Son cuatro categorías básicas de las emociones.
_____ Las emociones nos impiden relacionarnos con otras personas.
_____ Jesucristo mostro únicamente alegría.
_____ Según lo que vimos hoy en la lección, Dios pide que no expresemos sentimientos.
_____ La alegría es la emoción que Dios nos insta a mostrar.

Conéctate | Descargas | ¡Vamos al chat!

Sabemos que las emociones nacen en nosotros, ya sea para expresar lo que percibimos de nosotros mismos o de otras personas. Hagamos una lista diaria en la semana sobre las emociones que hemos experimentado en el día, observemos cuantas de ellas son negativas y cuantas positivas. Y repitamos el texto para memorizar: "Sobre toda cosa guardada, guarda tu corazón; porque de él mana la vida" Proverbios 4:23. Hagamos una oración pidiendo a Dios que guarde nuestro corazón y que permita que de él salga la vida, salga lo maravilloso que Dios hace constantemente en nuestras vidas.

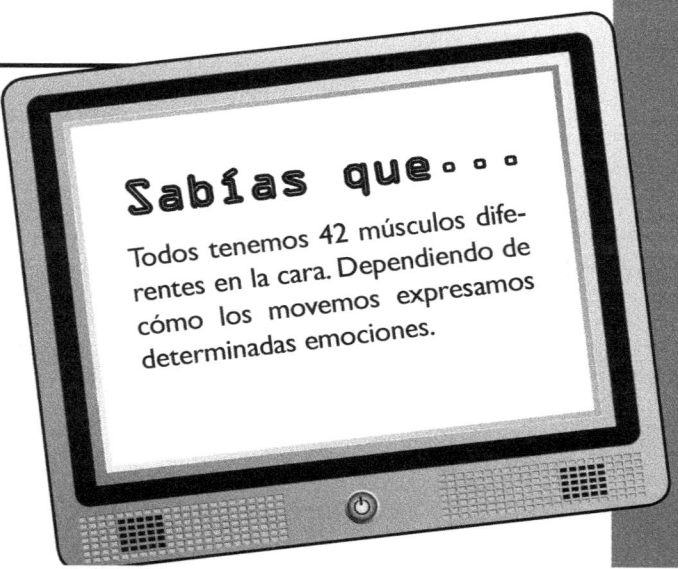

Sabías que...

Todos tenemos 42 músculos diferentes en la cara. Dependiendo de cómo los movemos expresamos determinadas emociones.

cnp

Conéctate | Descargas | ¡Vamos al chat!

Para memorizar: "Ahora, pues, ninguna condenación hay para los que están en Cristo Jesús, los que no andan conforme a la carne, sino conforme al Espíritu" (Romanos 8:1).

Conéctate | Descargas | ¡Vamos al chat!

Completa el cuadro que aparece abajo. De acuerdo al personaje dado coloca una situación en la que haya decidido actuar conforme a la carne o conforme al Espíritu y escribe la consecuencia para su vida. Al final comparte con tus compañeros.

Personaje	Situación	Carne	Espíritu	Consecuencia
Moisés	Golpeó una roca.	X		No entró a la tierra prometida
Noé				
María (madre de Jesús)				
Daniel				
Jonás				

Conéctate | Descargas | ¡Vamos al chat!

Mientras hacemos nuestras actividades durante la semana te invito a que hagas un ejercicio de reflexión. Anota actitudes que el Espíritu te alertó que son actitudes "según la carne" y escribe cual debe ser la actitud "en el Espíritu". Es bueno hacer esto, pues muchas veces no nos damos cuenta de que actuamos o reaccionamos de acuerdo a nuestra carne y no de acuerdo al Espíritu.

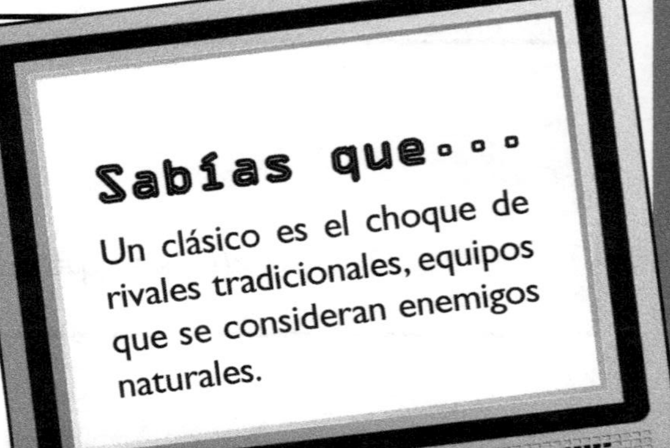

Sabías que...
Un clásico es el choque de rivales tradicionales, equipos que se consideran enemigos naturales.

Lección 5

¡TÚ ME HICISTE LIBRE!

Conéctate | Descargas | ¡Vamos al chat!

Para memorizar: "…y conocerán la verdad, y la verdad los hará libres" (Juan 8:32 NVI).

Conéctate | Descargas | ¡Vamos al chat!

Completa las siguientes oraciones sin buscar en la Biblia.

1. "Porque la ley del Espíritu de vida en Cristo Jesús me ha librado de la ley del pecado y de la ____________" (Romanos 8:2).
2. "como libres, pero no como los que tienen la libertad como pretexto para hacer lo malo, sino como siervos de ______________" (1 Pedro 2:16).
3. "Porque esta es la __________________de Dios: que haciendo bien, hagáis callar la ignorancia de los hombres insensatos" (1 Pedro 2:15).
4. "Porque el Señor es el Espíritu; y donde está el Espíritu del Señor, allí hay_________________" (2 Corintios 3:17).
5. "De cierto, de cierto os digo, que todo aquel que hace pecado, esclavo es del ________________." (Juan 8:34).
6. "Estad, pues, firmes en la libertad con que Cristo nos hizo libres, y no estéis otra vez sujetos al yugo de ________________" (Gálatas 5:1).
7. "…y conocerán la ___________, y la _____________ os hará libres" (Juan 8:32).

Una vez que lo hayas completado corrobora tus respuestas con la Biblia y el resto de la clase.

Conéctate | Descargas | ¡Vamos al chat!

¿Has reflexionado alguna vez hasta dónde llegan los límites de tu libertad? Intenta reconocer en tu vida cotidiana cuáles acciones están dentro de la voluntad de Dios y, de ser así, cuáles no.

Sabías que…

La ONU reconoce que en la actualidad 27 millones de personas padecen esclavitud en alguna de sus manifestaciones. Fuente: El Universal. "Padecen esclavitud 27 millones de personas: ONU". Silvia Otero. 2 de diciembre de 2008, México D.F.

Lección 6

¿Quién domina?

Conéctate | Descargas | ¡Vamos al chat!

Para memorizar: "Porque no nos ha dado Dios espíritu de cobardía, sino de poder, de amor y de dominio propio" (2 Timoteo 1:7).

Conéctate | Descargas | ¡Vamos al chat!

Responde con una sola palabra lo primero que venga a tu mente al leer las siguientes palabras:

1. Alegría: ____________ ____________
2. Tristeza: ____________ ____________
3. Enojo: ____________ ____________
4. Vergüenza: ____________ ____________
5. Llanto: ____________ ____________
6. Culpa: ____________ ____________
7. Dominio propio: ____________ ____________

Comparte con el resto del grupo la razón por la que escribiste esas palabras. Una vez que han hablado como grupo acerca de cada palabra, escribe el nombre de alguna persona que conozcas y que mejor ejemplifique cada palabra.

Conéctate | Descargas | ¡Vamos al chat!

Haz una lista personal de las áreas en las que crees que emocionalmente eres más vulnerable. Selecciona un área específica y determina una acción que durante la semana te mantendrá ocupado y al mismo tiempo te ayudará a desarrollar esa semilla del dominio propio que nos ha sido dada por el Espíritu Santo.

Sabías que...

El equilibrio emocional incrementa el aprendizaje. La depresión, y la ira conducen a dificultar el aprendizaje.
Fuente: Wikipedia, emociones. http://es.wikipedia.org/wiki/Emociones. El aprendizaje y las emociones. [consulta 20 de octubre, 2009].

Lección 7

¿ENEMIGO DE DIOS?

Conéctate | Descargas | ¡Vamos al chat!

Para memorizar: "Cualquiera, pues, que quiera ser amigo del mundo se constituye en enemigo de Dios" (Santiago 4:4b).

Conéctate | Descargas | ¡Vamos al chat!

Coloca la característica en el lugar correcto.

Desobediencia, Amor, Paciencia, Gozo, Pleitos, Malos pensamientos, Envidia, Orgullo, Obediencia, Pensamientos puros, Celos, Malos hábitos, Paz, Bondad

Amigos de Dios

Amigos del mundo

Conéctate | Descargas | ¡Vamos al chat!

Un cristiano auténtico no es el que se deja llevar por las modas y demandas que el mundo ofrece, tan solo para encajar en una sociedad a la que no pertenece. Nuestra verdadera ciudadanía está en el cielo.

Esta semana busca maneras prácticas y auténticas para demostrar que eres un ciudadano del cielo y no del mundo. No destruyas tu forma en Cristo por intentar encajar en una sociedad a la que no perteneces.

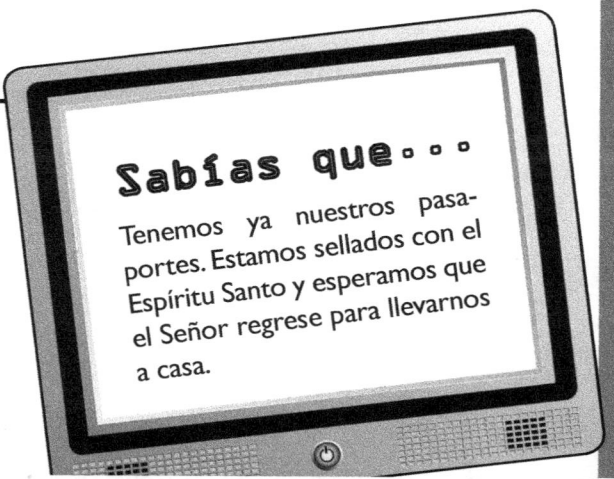

Sabías que...

Tenemos ya nuestros pasaportes. Estamos sellados con el Espíritu Santo y esperamos que el Señor regrese para llevarnos a casa.

cnp

Lección 8

Conéctate | Descargas | ¡Vamos al chat!

Para memorizar: "Porque de tal manera amó Dios al mundo, que ha dado a su Hijo unigénito, para que todo aquel que en él cree, no se pierda, mas tenga vida eterna" (Juan 3:16).

Conéctate | Descargas | ¡Vamos al chat!

1. De acuerdo a Génesis 3:1-7, ¿por qué fue que Adán y Eva perdieron su amistad con Dios?

____

2. Piensa en la persona que más quieres. ¿Qué estarías dispuesto a hacer por ella?

a) ____
b) ____
c) ____

3. Escribe en tus propias palabras, lo que Dios hizo por amor a nosotros, de acuerdo a Juan 3:16. ____

____

Conéctate | Descargas | ¡Vamos al chat!

Dios inició la operación de rescate más grande que ha existido. Esta operación incluyó enviar a su propio Hijo para dar su vida en tu lugar. Si has reconocido por fe a Jesucristo como tu Salvador, la operación ha sido un éxito en tu vida. Así que, tienes un motivo muy grande para celebrar. Si aún no has tomado esa decisión por Cristo, no esperes más. Jesús ha entregado su vida para que tú seas libre del pecado y tengas vida nueva.

En esta semana ora por alguien que necesite el rescate de su vida y compártele el mensaje de salvación.

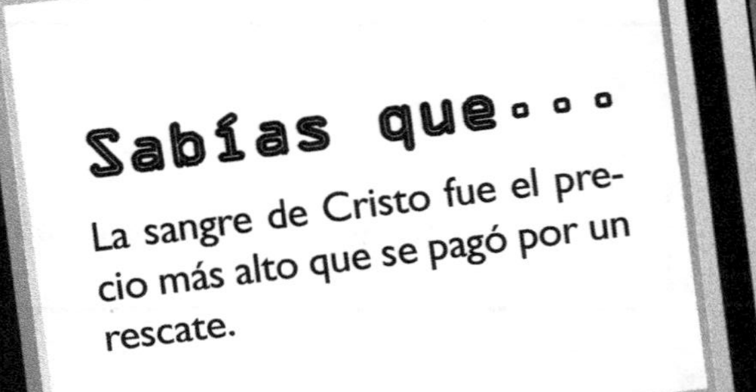

Sabías que...
La sangre de Cristo fue el precio más alto que se pagó por un rescate.

RESCATADO

Conéctate | Descargas | ¡Vamos al chat!

Para memorizar: "Espere Israel a Jehová, porque en Jehová hay misericordia, y abundante redención con él; y él redimirá a Israel de todos sus pecados" (Salmo 130:7-8).

Conéctate | Descargas | ¡Vamos al chat!

Sopa de letras

Encuentra las palabras redención y redimir, y cinco sinónimos de ellas.

I	R	S	U	D	C	E	R	N
R	E	D	E	N	C	I	O	N
E	C	E	R	I	M	I	X	E
S	U	E	I	I	C	I	I	C
C	P	I	D	A	M	I	P	E
A	E	E	V	A	E	C	E	I
T	R	L	I	B	E	R	A	R
E	A	N	C	E	A	R	A	S
S	R	C	E	N	E	M	B	R

Conéctate | Descargas | ¡Vamos al chat!

Durante la próxima semana, pregunta a tus familiares y amigos si conocen el significado de la palabra redención, sean cristianos o no, todos la han escuchado.
Cuéntales lo que has aprendido e invítales a valorar lo que Dios ha hecho por nosotros.

Sabías que...

Actualmente hay religiones que siguen ofreciendo sacrificios para ser redimidos.

cnp

Lección 10

¿JUSTO YO?

Conéctate | Descargas | ¡Vamos al chat!

Para memorizar: "Justificados, pues, por la fe, tenemos paz para con Dios por medio de nuestro Señor Jesucristo..." (Romanos 5:1 RVR95).

Conéctate | Descargas | ¡Vamos al chat!

Personaje	Pasaje bíblico	Preguntas para reflexionar	Respuestas
HIJO MENOR	Lucas 15:11	¿Cuál es el ambiente que se presenta al inicio de esta historia?	
	Lucas 15:12	¿Qué actitud adoptó el hijo menor frente a su padre?	
	Lucas 15:13	¿A dónde se fue?	
	Lucas 15:20-21	¿Cuál fue el resultado de su cambio de actitud?	
	Lucas 15:21	¿Qué debió hacer para restablecer las relaciones rotas?	
	Lucas 15:22-24	¿Cómo terminó la historia?	

En esta historia, ¿quién representa a la persona que experimentó la justificación?

La justificación se presenta como la base para la reconciliación. ¿Qué figura describe el momento de la reconciliación?

Conéctate | Descargas | ¡Vamos al chat!

Al ser declarados justos delante de Dios, ¿cómo podemos vivir la justicia de Dios en nuestros vecindarios, escuelas, familias e iglesias? Durante esta semana, piensa y escribe una lista de áreas en las que puedes servir a tu comunidad para mostrar reconciliación y restauración en nombre de Dios.

Sabías que...

¡Noé fue considerado justo delante de Dios a pesar de sus errores!" (Hebreos 11:7).

Lección 11

NUEVO COMIENZO

Conéctate | Descargas | ¡Vamos al chat!

Para memorizar: "Vestíos del nuevo hombre, creado según Dios en la justicia y santidad de la verdad" (Efesios 4:24).

Conéctate | Descargas | ¡Vamos al chat!

Descubre lo que está escondido:

DOMINGO	DIEZ	VESTÍOS	PERRO	SÁBADO	ROJO
VEINTE	DEL	LUNES	AZUL	NUEVO	JUEVES
HOMBRE	AMARILLO	LORO	CREADO	TRES	SEGÚN
PATO	DIOS	SIETE	VERDE	MIERCOLES	ONCE
BLANCO	MARTES	EN	CABALLO	JUSTICIA	NEGRO
Y	CAFÉ	GATO	SANTIDAD	CINCO	VIERNES

¿Qué es lo que dicen las palabras que quedan?

____

____

____

____

____

____

Conéctate | Descargas | ¡Vamos al chat!

Esta semana recuerda que Dios te ha dado la oportunidad de nacer de nuevo. El desafío para cada uno de nosotros es que reflejemos en nuestras vidas ese nuevo nacimiento. ¿Qué harías diferente esta semana que dé evidencia de que has nacido de nuevo en Jesús?

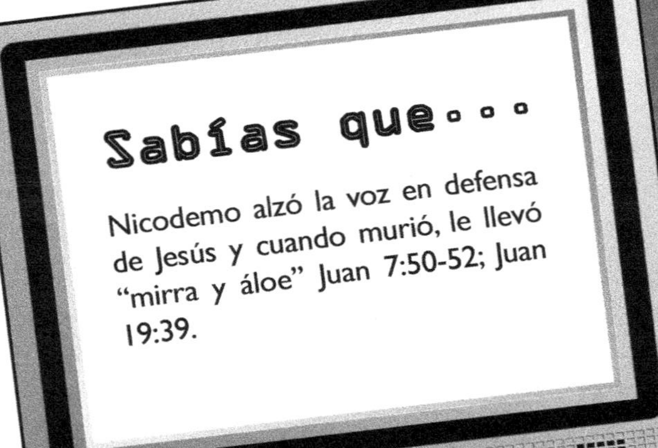

Sabías que...
Nicodemo alzó la voz en defensa de Jesús y cuando murió, le llevó "mirra y áloe" Juan 7:50-52; Juan 19:39.

Lección 12

¡SOMOS ADOPTADOS!

Conéctate | Descargas | ¡Vamos al chat!

Para memorizar: "Así que ya no eres esclavo, sino hijo; y si hijo, también heredero de Dios por medio de Cristo" (Gálatas 4:7).

Conéctate | Descargas | ¡Vamos al chat!

Relaciona.

Huérfano

Padre

Abba

Proteger

Adoptar

Acoger o incluir en la familia de uno mismo a una persona a través de procedimientos legales y criarlo como a su propio hijo.

Proveer cuidado, guía y ayuda para evitar influencias o experiencias negativas.

Aquel que da vida, protege, cría.

Aquel que no es criado por sus progenitores biológicos.

Papá, papito.

Conéctate | Descargas | ¡Vamos al chat!

En clase, piensen en las posibilidades que tienen como un grupo de hijos de Dios para mostrarle el amor de Dios a niños huérfanos. Consideren si sería conveniente visitar en grupo algún orfanato local y pasar tiempo con los niños y niñas que viven allí, o enviar una ofrenda a organizaciones que ayudan a niños en otros países, como los huérfanos del sida en el continente de África.

Sabías que...

En el año 2009, 12,753 niños de todo el mundo fueron adoptados por familias estadounidenses. http://adoption.state.gov/news/total_chart.html [Consultado 1 junio de 2010]

cnp

HISTORIA SIN FIN

Conéctate | Descargas | ¡Vamos al chat!

Para memorizar: "Y esta es la promesa que él nos hizo: la vida eterna" (I Juan 2:25).

Conéctate | Descargas | ¡Vamos al chat!

Piensa y escribe:

¿Cuál es el mejor regalo que has recibido en tu vida? ______________________________

____

¿Qué hace que un regalo sea realmente especial?

____

____

En caso que el escritor bíblico hubiera escrito Juan 3:16 directamente para ti ¿Cómo crees que lo hubiera escrito?

____

____

Comparte tus respuestas con el grupo.

Conéctate | Descargas | ¡Vamos al chat!

En esta semana pregunta a algunos de tus conocidos o amigos, si en el supuesto caso de morir saben a dónde irían. Te sorprenderás de las respuestas. Puede ser una forma de compartirles de Cristo.
Comparte la próxima semana con la clase las respuestas que obtuviste.

Sabías que...

La expectativa de vida en Suazilandia es de aproximadamente 48 años mientras en Japón es de aproximadamente 82 años? (CIA, World Fact Book, https://www.cia.gov/library/publications/the-world-factbook/rankorder/2102rank.html?countryName=Japan&countryCode=ja®ionCode=eas&rank=5#ja [Consultado en 25 de mayo de 2010]

cnp

Conéctate | Descargas | ¡Vamos al chat!

Para memorizar: "Por tanto, amados míos, como siempre habéis obedecido, no solamente cuando estoy presente, sino mucho más ahora que estoy ausente, ocupaos en vuestra salvación con temor y temblor" (Filipenses 2:12).

Conéctate | Descargas | ¡Vamos al chat!

Descifrar el mensaje oculto

De acuerdo al código siguiente escribe el mensaje oculto.

A= 2; C=5; E=8; G=11; I=14; L=17; M=20; O=23; P=26; R=29; S=32; T=35

(13x2)(20+9)(25-2)(8x4)(2x7)(5+6)(23+0) (6/3)

(10+7)(2x1) (4x5)(6+2)(7x5)(8/4)

(3+2)(20+9)(2x7)(8x4)(7x5)(20+3)

__________ ____ ______ ________: __________

Conéctate | Descargas | ¡Vamos al chat!

¿Cómo has estado cuidando tu salvación? ¿Hay algunas decisiones que tienes que tomar esta semana para poder mejorar? Prepara un proyecto personal en el que puedas incrementar tu tiempo con Dios esta semana. Busca a un amigo o a tu maestro para que sea tu compañero y le rindas cuentas al terminar la semana.

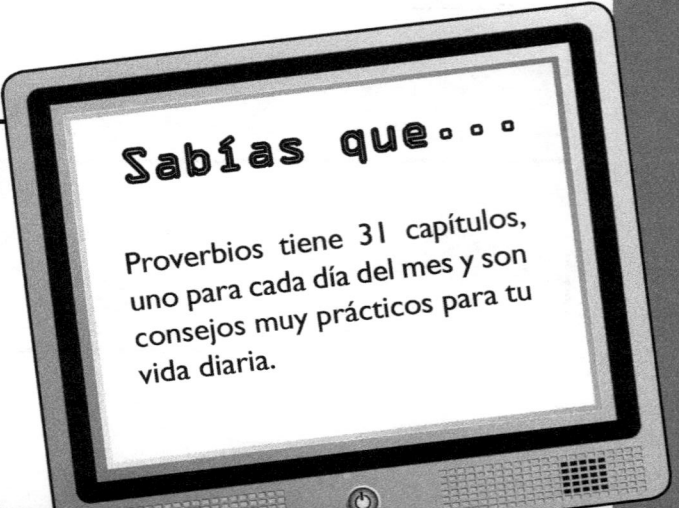

Sabías que...

Proverbios tiene 31 capítulos, uno para cada día del mes y son consejos muy prácticos para tu vida diaria.

Lección 15

Santidad = Relación

Conéctate | Descargas | ¡Vamos al chat!

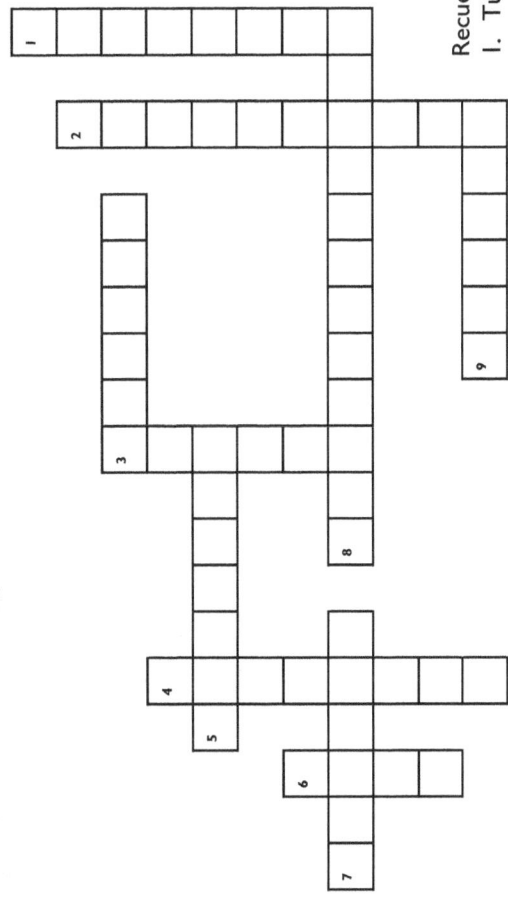

Para memorizar: "Y el mismo Dios de paz os santifique por completo; y todo vuestro ser, espíritu, alma y cuerpo, sea guardado irreprensible para la venida de nuestro Señor Jesucristo" (I Tesalonicences 5:23).

Conéctate | Descargas | ¡Vamos al chat!

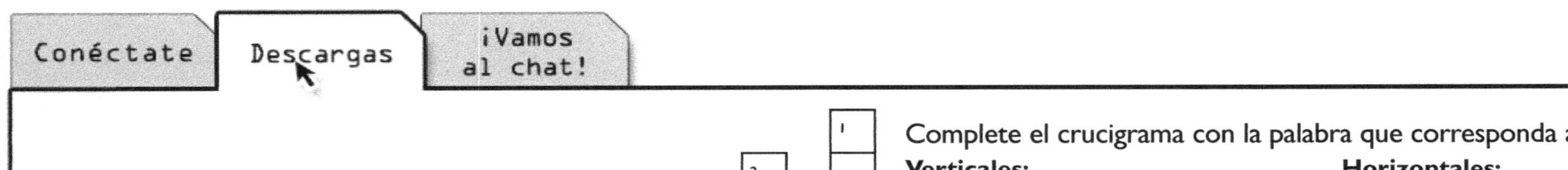

Complete el crucigrama con la palabra que corresponda a la definición.

Verticales:

1. Correspondencia, trato, comunicación de alguien con otra persona.
2. Dicho de una persona: recta, proba e intachable.
3. Remisión de la pena merecida, de la ofensa recibida de alguna deuda u obligación pendiente.
4. Derecho, razón, equidad.
6. Sentimiento de afecto, inclinación y entrega a alguien o algo.

Horizontales:

3. Libre y exento de toda mezcla de otra cosa.
5. Observar o cumplir aquello a lo que se está obligado.
7. Que no tiene mancha o suciedad.
8. Hacer sagrado a alguien o algo.
9. Integridad de ánimo y bondad de vida.

Recuerda que:

1. Tú eres hijo de Dios.
2. Eres parte de la nación santa.
3. Puedes hacer la diferencia.
4. La santidad es un estilo de vida y se puede lograr vivir en este mundo.
5. La santidad es amor en práctica.

Conéctate | Descargas | ¡Vamos al chat!

Como hemos visto la santidad es amor a Dios, es decir una relación estrecha con Él, pero también es amor al prójimo como expresión de esa relación. Así que poniendo manos a la obra planea expresar ese amor a otros organizando un día de servicio a un centro asistencial (un hospital, un asilo, un orfanato) y expresa ese amor llevando regalos, alguna actividad y sobre todo amor.

Sabías que...

"Todo lo que nuble tu razón, adormezca tu conciencia, oscurezca tu sentido de Dios, o elimine el sentir de las cosas espirituales..., todo ello para ti es pecado" Susana Wesley (Manual Iglesia del Nazareno 2005-2009, p.50).

Lección 16 "Maestro y discípulo"

Conéctate | Descargas | ¡Vamos al chat!

Para memorizar: "Pero tú, permanece firme en lo que has aprendido y de lo cual estás convencido, pues sabes de quiénes lo aprendiste" (2 Timoteo 3:14 NVI).

Conéctate | Descargas | ¡Vamos al chat!

Une con líneas las palabras con su definición correcta.

Miembro | Maestro | Cristiano | Discípulo

Tiene la capacidad de enseñar y se caracteriza por compartir sus conocimientos y su estilo de vida.

Gusta del servicio y de la entrega de su vida.

Alguien asociado a la iglesia y que está de acuerdo con sus doctrinas.

Aquel que cree que Jesús es el hijo de Dios y su salvador.

Conéctate | Descargas | ¡Vamos al chat!

En esta semana piensa en una persona que te gustaría escoger como tu discipulador. Ora al Señor y acércate a ella y cuéntale que deseas compartir y aprender de él. Por otro lado puedes estar pendiente por si alguien puede convertirse en tu discípulo.

Sabías que...

La palabra discípulo ocurre 269 veces en el Nuevo Testamento, y la palabra cristiano tres veces y se introdujo precisamente para referirse a los discípulos. (Richard J. Foster, James Bryan Smith; "Devocionales Clásicos"; E.U.A.; Editorial Mundo Hispano; Primera edición 2004; p.410)

cnp

¿CUÁNTO CUESTA?

Conéctate | Descargas | ¡Vamos al chat!

Para memorizar: "Así, pues, cualquiera de vosotros que no renuncia a todo lo que posee, no puede ser mi discípulo" (Lucas 14:33).

Conéctate | Descargas | ¡Vamos al chat!

Después de haber estudiado el pasaje de Lucas 14:25-33 redacta un ejemplo como el que se narra de la torre o la guerra pero adaptado a alguna circunstancia que pudiera vivir un joven de tu edad.

____

____

____

____

____

____

Conéctate | Descargas | ¡Vamos al chat!

Sabemos que ser discípulo de Jesucristo no es una labor fácil, es una batalla que se libra todos los días, pero el buscar la fortaleza y seguir el ejemplo de Cristo nos saca adelante y podemos continuar. Así que diariamente debemos escribir, qué nos está impidiendo seguirle y qué nos está impidiendo discipular a otros. Después, debemos ponerlo en oración y darnos a la tarea de evitar acciones que desvían el llamado.

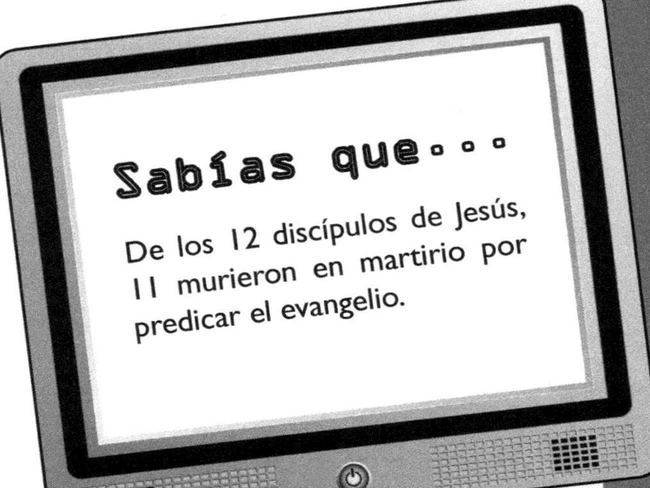

Sabías que...
De los 12 discípulos de Jesús, 11 murieron en martirio por predicar el evangelio.

cnp

Lección 18

Diversidad en el llamado

Conéctate | Descargas | ¡Vamos al chat!

Para memorizar: "Que nadie te menosprecie por ser joven. Al contrario, que los creyentes vean en ti un ejemplo a seguir en la manera de hablar, en la conducta, y en amor, fe y pureza" (I Timoteo 4:12 NVI).

Conéctate | Descargas | ¡Vamos al chat!

Redacta todas las capacidades que hasta ahora conoces de ti. Cualidades en cualquier sentido (física, mental, social o espiritual). Si te cuesta identificarlas, responde a la pregunta: ¿Para qué soy bueno?, o ¿en qué puedo ser el mejor?

Al final, lee la pequeña lista de ministerios y, con la ayuda del maestro, redacta el posible ministerio que tú podrías ejercer si respondes favorablemente al llamado de Jesús.

Yo, ______________________,
(escribe tu nombre)
soy bueno para:
____
____
____
____

Algunos ministerios que Jesús me brinda:

Administración	Enseñanza	Idiomas
Compasión	Evangelismo	Intercesión
Liderazgo	Exhortación	Servicio
Pastor	Misiones	Artes

Otros: ______________________

Conéctate | Descargas | ¡Vamos al chat!

Dios no te ha puesto ninguna etiqueta. Durante la semana, a partir de este día, procura descubrir en oración a Dios quién eres (virtudes, cualidades, capacidades o defectos) y quién puedes llegar a ser si respondes afirmativamente a su llamado.

Sabías que...

Los apóstoles ejercieron ministerios diferentes y, los últimos años de su vida no tuvieron contacto entre ellos, ya que el mismo ministerio y las condiciones contextuales les llevaron a vivir su fe en sitios que ellos jamás imaginaron conocer.

Lección 19

Ayúdame a ser diferente

Conéctate | Descargas | ¡Vamos al chat!

Para memorizar: "Pero no se venderá ni se rescatará ninguna cosa consagrada, que alguno hubiere dedicado a Jehová; de todo lo que tuviere, de hombres y animales, y de las tierras de su posesión, todo lo consagrado será cosa santísima para Jehová" (Levítico 27:28).

Conéctate | Descargas | ¡Vamos al chat!

Toma un tiempo para unir las siguientes palabras con sus respectivas definiciones:

1. Consagrar ( )
2. Limpiar ( )
3. Separar ( )
4. Apartar ( )
5. Diferente ( )
6. Propósito ( )
7. Escoger ( )
8. Comprar ( )
9. Costo ( )
10. Celo ( )
11. Propiedad ( )

A. Derecho o facultad de disponer de una cosa.

B. Objetivo, fin o aspiración.

C. Reservar o guardar una cosa.

D. Cuidado, esmero, interés.

E. Diverso, distinto.

F. Precio que se le asigna a una cosa o servicio.

G. Quitar la suciedad de una cosa.

H. Tomar o elegir una o más cosas o personas entre otras.

I. Establecer distancia o aumentarla entre algo o alguien. Disponer de algo para un uso específico.

J. Adquirir algo por un precio.

K. Dedicarse algo o alguien a un determinado fin.

Conéctate | Descargas | ¡Vamos al chat!

¿Qué crees que sucedería en tu vida, familia, círculo de amigos, compañeros de estudio, compañeros de trabajo, si fueras radicalmente cristiano? Escribe estos pensamientos pide ayuda al Señor y en esta semana comienza a marcar la diferencia.
¡Anímate! Ser diferente es de valientes.

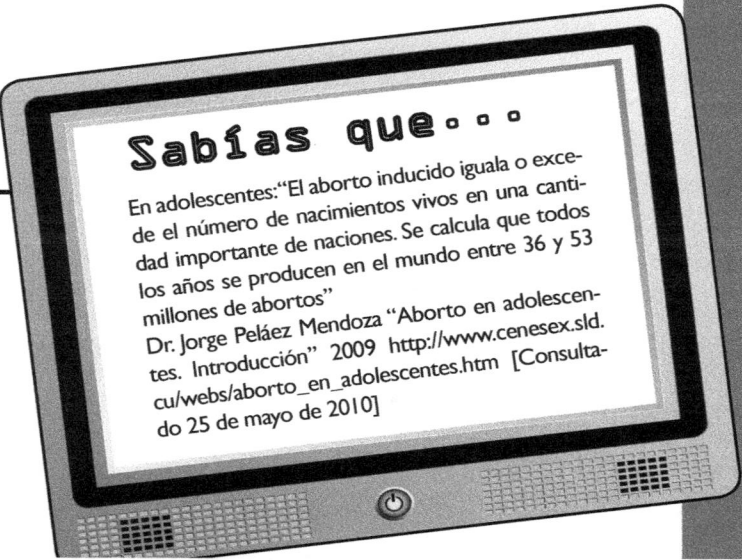

Sabías que...

En adolescentes: "El aborto inducido iguala o excede el número de nacimientos vivos en una cantidad importante de naciones. Se calcula que todos los años se producen en el mundo entre 36 y 53 millones de abortos"
Dr. Jorge Peláez Mendoza "Aborto en adolescentes. Introducción" 2009 http://www.cenesex.sld.cu/webs/aborto_en_adolescentes.htm [Consultado 25 de mayo de 2010]

Conéctate | Descargas | ¡Vamos al chat!

Para memorizar: "Sino que siguiendo la verdad en amor, crezcamos en todo en aquel que es la cabeza, esto es, Cristo" (Efesios 4:15).

Conéctate | Descargas | ¡Vamos al chat!

Tomando como base los versículos de Efesios que se te indican busca las palabras indicadas en la sopa de letras.

B	W	B	S	A	Ñ	M	K	R	Y	B	S	C	O
N	D	E	H	U	M	I	L	D	A	D	E	O	B
D	U	D	V	I	S	O	T	N	A	S	T	Y	F
A	T	A	E	F	C	D	C	Ñ	I	E	E	U	D
D	I	D	I	M	V	A	O	P	I	J	W	N	S
G	N	I	E	J	R	D	B	R	O	M	A	T	E
E	E	N	P	Ñ	I	S	F	E	A	D	O	U	R
H	L	U	I	P	L	B	I	S	Z	R	V	R	O
L	P	X	W	E	O	E	A	O	P	A	N	A	T
C	Q	C	A	U	T	I	V	I	D	A	D	S	S
Z	K	U	A	O	T	S	I	R	C	Z	U	Ñ	A
A	Y	J	S	S	O	Ñ	I	N	B	E	N	Q	P

1. Decimosexta palabra de 4:15.
2. Decimoquinta palabra de 4:16.
3. Decimosegunda palabra de 4:8.
4. Tercera palabra de 4:1.
5. Tercera palabra de 4:2.
6. Antepenúltima palabra de 4:13.
7. Sexta palabra de 4:14.
8. Última palabra de 4:16.
9. Última palabra de 4:7.
10. Séptima palabra de 4:13.
11. Séptima palabra de 4:12.
12. Penúltima palabra de 4:11.

Conéctate | Descargas | ¡Vamos al chat!

¿Crees que estás buscando en tu vida ser como tu maestro? Haz un listado de lo que creas que estés haciendo bien y otro de las cosas que creas que necesites mejorar. Convérsalo con tu pastor de jóvenes o maestro de escuela dominical y haz un pequeño plan para reforzar las áreas fuertes de tu discipulado y fortalecer las débiles.

Sabías que...

Dietrich Bonhoeffer, teólogo alemán, decía que una gracia sin discipulado, sin la cruz, sin Jesucristo vivo y encarnado es una gracia barata. Años después murió en la horca por su oposición al régimen nazi que mató a millones de personas por cuestiones raciales.

cnp

Lección 21

¿DISCIPULAR YO?

Conéctate | Descargas | ¡Vamos al chat!

Para memorizar: "Por tanto, id, y haced discípulos a todas las naciones, bautizándolos en el nombre del Padre, y del Hijo, y del Espíritu Santo" (Mateo 28:19).

Conéctate | Descargas | ¡Vamos al chat!

Une con una línea los cuadros que están relacionados.

Aprendiz de un oficio	Discipuló a doce	Mandamiento de id y haced discípulos	¿a quién debo discipular?	¿Puedo discipular?	El discipulado es...
Contínuo	Mateo 28:19-20	A todo aquel que ha creído	Sí	Jesús	Discípulo

Conéctate | Descargas | ¡Vamos al chat!

Dios te está llamando hoy a que inicies su obra, buscando un discipulador (alguien que te acompañe en tu vida de fe) y un discípulo (alguien que tú puedas acompañar en su vida de fe). En la semana piensa en esto y toma una decisión.

Sabías que...

Jesús discipuló a doce personas y hoy somos más de dos mil millones de discípulos.

Conéctate | Descargas | ¡Vamos al chat!

Para memorizar: "Porque el anhelo ardiente de la creación es el aguardar la manifestación de los hijos de Dios" (Romanos 8:19).

Conéctate | Descargas | ¡Vamos al chat!

Ordenando los ecosistemas:
Presente tres ecosistemas diferentes, por ejemplo: Acuático, terrestre, aéreo y mixtos (acuáticos y terrestres).
Pida a sus alumnos que escriban distintos integrantes de los ecosistemas que aparecen en la Biblia.

Ecosistema acuático:

____

____

____

Ecosistema aéreo:

____

____

____

Ecosistema terrestre:

____

____

____

Ecosistema acuático y terrestre:

____

____

____

Conéctate | Descargas | ¡Vamos al chat!

Durante la semana coloca algodón mojado dentro de un recipiente de vidrio. A los costados (entre el algodón y el vidrio) colocar las semillas (poroto, frijol o abichuela) y realizar el seguimiento del crecimiento de las semillas, controlando que el algodón permanezca siempre húmedo. Comparta el resultado del trabajo luego de un par de semanas, y premie simbólicamente a quienes lograron un adecuado cuidado de la plantita germinada.

Sabías que...

En la creatividad de Dios al hacer los animales hizo a el gorila que cuando tiene hambre saca su lengua y por otro lado un cocodrilo, no puede sacar la lengua.

Cuida los animales

Conéctate | Descargas | ¡Vamos al chat!

Para memorizar: "De los animales limpios, y de los animales que no eran limpios, y de las aves, y de todo lo que se arrastra sobre la tierra, de dos en dos entraron con Noé en el arca; macho y hembra, como mando Dios a Noé" (Génesis 7:8-9).

Conéctate | Descargas | ¡Vamos al chat!

Crea tu propia sopa de letras y comparte con un compañero, intercambiando con la que él hizo. En la sopa de letra, ubica palabras relacionadas con la lección que estudiamos hoy.

Según lo aprendido responde con tus palabras la siguiente pregunta: ¿Qué actitudes modificaré a partir de lo aprendido en la clase con respecto a los animales?

Conéctate | Descargas | ¡Vamos al chat!

Coordinen con la clase la visita a un albergue de animales cercano. Quizá puedan ofrecerse para un día de trabajo voluntario. El propósto de la actividad es sensibilizar sus corazones ante el sufrimiento y el abandono que sufren los animales, y conocer la buena disposición que tienen aquellos que dedican su tiempo a cuidar de ellos.

Sabías que...

Existen algo más de 8,600 especies de aves en todo el mundo. (Clasificación de las aves) http://www.conabio.gob.mx/conocimiento/info_especies/cites/doctos/aves.html [Consultado 25 de mayo de 2010]

Lección 24

LA CONTAMINACIÓN

Conéctate | Descargas | ¡Vamos al chat!

Para memorizar: "Tomó, pues, Jehová Dios al hombre, y lo puso en el huerto de Edén, para que lo labrara y lo guardase" (Génesis 2:15).

Conéctate | Descargas | ¡Vamos al chat!

Escriban la definición de las siguientes palabras y utilizando material orgánico e inorgánico que se encuentre en la basura, en los jardines o en las macetas de la iglesia, desarrollen un cartel para representar una de las siguientes palabras:

REUTILIZAR   REDUCIR

RECICLAR   RENOVAR

Al terminar, cada grupo deberá explicar su cartel y hablar de las alternativas que existen para evitar la contaminación y dar testimonio cristiano de cuidado a la creación.

Conéctate | Descargas | ¡Vamos al chat!

Utilizando las propuestas que surgieron de la dinámica (que se encuentra en la sección **Descargas**), ponte de acuerdo con tu maestro para elaborar un plan de trabajo anual a fin de que en la iglesia puedan tomarse acciones para evitar la contaminación y cuidar la creación. El plan puede incluir la colaboración voluntaria de los niños y de los adultos que se interesen, así como una serie de predicaciones de tu pastor en las cuales se hable del tema.

Sabías que...

Desarrollo sustentable consiste en: "Cubrir las necesidades de las generaciones presentes, sin comprometer la posibilidad de que las generaciones futuras cubran sus propias necesidades".

CUIDEMOS EL AGUA

Conéctate | Descargas | ¡Vamos al chat!

Para memorizar: "Y el que tiene sed, venga; y el que quiera, tome del agua de la vida gratuitamente" (Apocalipsis 22:17b).

Conéctate | Descargas | ¡Vamos al chat!

Escribe una lista junto a tus compañeros de clase de acciones que pueden tomar para ahorrar agua.

Conéctate | Descargas | ¡Vamos al chat!

En la semana toma nota de los hábitos que has comenzado a cambiar para el ahorro del agua y con cuantas personas has compartido lo que aprendiste.

Sabías que...

En América Latina hay personas que viven con 5 ó 6 litros de agua diarios, mientras que otras llegan a gastar entre 700 o mil litros diarios. (López, Mario (2005) "Geopolítica y Gestión Pública del Agua en la Zona Metropolitana de Guadalajara: un análisis de lo global a lo local"; tesis de maestría del Instituto Tecnológico y de Estudios Superiores de Occidente, México, 2005).

cnp

Lección 26

El que tira menos, gana

Conéctate | Descargas | ¡Vamos al chat!

Para memorizar: "Porque somos hechura suya, creados en Cristo Jesús para buenas obras" (Efesios 2:10a.)

Conéctate | Descargas | ¡Vamos al chat!

Elige una de las 3 opciones en cada punto marcándola con una X. ¿Cuánto tardan en descomponerse los siguientes objetos?

Bolsas plásticas	10 a 20 años ___	50 a 100 años ___	100 a 500 años ___
Chicles	5 años ___	3 meses ___	1 semana___
Latas de aluminio	7 años ___	10 años ___	3 años ___
Botellas plásticas	150 años ___	500 años ___	10000 años___
Papel	1 año ___	6 meses ___	3 años___
Desechos orgánicos	6 a 7 meses ___	1 año ___	3 a 4 meses ___
Aerosoles	10 años ___	30 años ___	100 años ___

Conéctate | Descargas | ¡Vamos al chat!

En la semana elabora con tu clase un folleto con estos datos y otros que consideren llamativos y repártelos en el barrio y también a los demás miembros de la congregación. Con sugerencias prácticas que puedan realizar todos.

Sabías que...

Se calcula, en promedio, que un habitante de una ciudad en la Argentina, produce casi 1 kilo de basura por día. Si vive 75 años producirá 21.900 kg de basura. (Ciencia y tecnología 1 -Ministerio de Educación Ciencia y Tecnología Proyecto PNUDARG03/005).

PULMONES EN PELIGRO

Conéctate | Descargas | ¡Vamos al chat!

Para memorizar: "Y el diezmo de la tierra, así de la simiente de la tierra como del fruto de los árboles, de Jehová es; es cosa dedicada a Jehová" (Levítico 27:30).

Conéctate | Descargas | ¡Vamos al chat!

Encuentra las siguientes palabras:

1- Creación.
2- Cedros.
3- Árbol.
4- Hierba.
5- Nogal.
6- Verde.
7- Semilla.
8- Vida.

C	R	E	A	C	I	O	N
E	H	V	M	R	D	E	O
D	H	I	E	R	B	A	G
R	O	A	D	D	S	R	A
O	P	V	I	D	A	B	L
S	B	M	I	M	L	O	H
D	S	E	M	I	L	L	A
W	V	E	R	D	E	M	A

Conéctate | Descargas | ¡Vamos al chat!

Con la clase toma un tiempo para conseguir árboles que puedan plantar en algún parque, carretera o lugar cercano a la iglesia. Para que esto surta efecto cada uno debe sembrar tres árboles como mínimo.

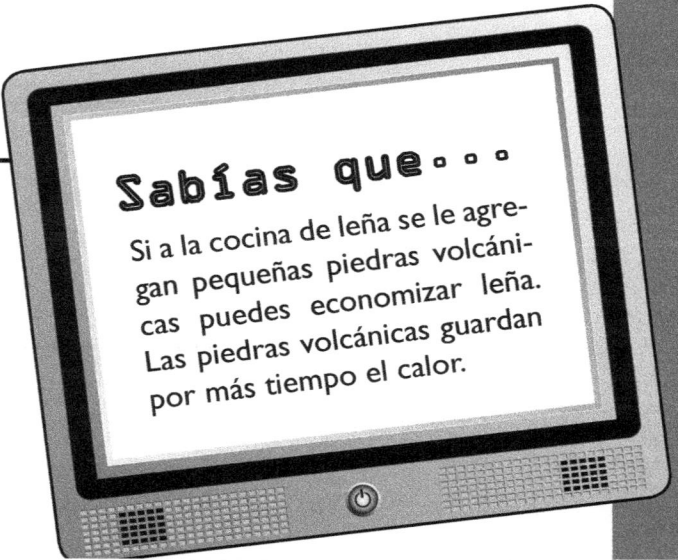

Sabías que...

Si a la cocina de leña se le agregan pequeñas piedras volcánicas puedes economizar leña. Las piedras volcánicas guardan por más tiempo el calor.

cnp

Lección 28

Uso vs. Abuso

Conéctate | Descargas | ¡Vamos al chat!

Para memorizar: "Tiempo de nacer, y tiempo de morir; tiempo de plantar, y tiempo de arrancar lo plantado" (Eclesiastés 3:2).

Conéctate | Descargas | ¡Vamos al chat!

Escribe en el cuadro la provisión de Dios en cada caso.

1. Génesis 1:29 ¿Cuál fue el abastecimiento y para quién?

____

2. Génesis 9:2-3 ¿Qué estableció Dios después del diluvio?

____

3. Salmo 104:9-13 ¿Cuál fue la provisión de Dios para muchas necesidades?

____

Reflexiona sobre cuál es tu responsabilidad ante lo establecido y provisto por Dios para nosotros:

____

Conéctate | Descargas | ¡Vamos al chat!

Lee las siguientes inscripciones, luego escoge una para preparar un cartel y pegar en algún lugar que creas conveniente.

"Plantemos árboles para tener más oxigeno". "No usemos tantos aerosoles para no dañar la capa de ozono". "Reciclemos papeles para no cortar tantos árboles". "Cerremos la llave del agua para no malgastar el agua potable".

Puedes pensar en estos consejos útiles y presentarlo como opción de tu cartel.

¿A quiénes están dirigidas cada frase y que acción demanda de parte nuestra? Pídele a Dios que te ayude a hacer un buen uso de la tierra.

Sabías que...

Por cada tonelada de papel y cartón, en su reciclaje, dejarían de cortar 15 árboles. (Econsejo , Cambio Climático, Ing. Quim. Eduardo Ferrero, Año 4 N° 4, Mayo 2004)

cnp

Conéctate | Descargas | ¡Vamos al chat!

Para memorizar: "Pero el día del Señor vendrá como ladrón en la noche; en el cual los cielos pasarán con grande estruendo, y los elementos ardiendo serán deshechos, y la tierra y las obras que en ella hay serán quemadas" (2 Pedro 3:10).

Conéctate | Descargas | ¡Vamos al chat!

Sopa de letras.

Encuentra las siguientes palabras: Climático, ladrón, cielo nuevo, día del Señor, tierra nueva, noche, deshecho, santidad. Comparte tus respuestas.

H	S	D	J	K	Z	G	F	L	Q	T	F
C	I	E	L	O	N	U	E	V	O	I	H
L	Y	S	A	N	T	I	D	A	D	E	Y
I	K	H	X	Z	B	A	A	T	W	R	E
M	V	E	S	B	U	I	X	C	Ñ	R	D
A	S	C	J	N	F	D	E	I	I	A	N
T	M	H	O	J	L	A	D	R	O	N	T
I	P	O	O	O	L	A	Ñ	L	H	U	I
C	F	V	I	E	R	N	Y	Y	S	E	N
O	G	H	E	H	C	O	N	T	Y	V	L
J	K	I	D	R	Y	H	Z	C	G	A	U
D	I	A	D	E	L	S	E	Ñ	O	R	D

Conéctate | Descargas | ¡Vamos al chat!

En esta semana revisa tus hábitos y comienza a cambiar. Para cambiar a otros debemos comenzar a cambiar nosotros. Luego comparte con tu familia y juntos revisen los hábitos que pueden cambiar en el hogar. Comenta tus resultados la próxima clase.

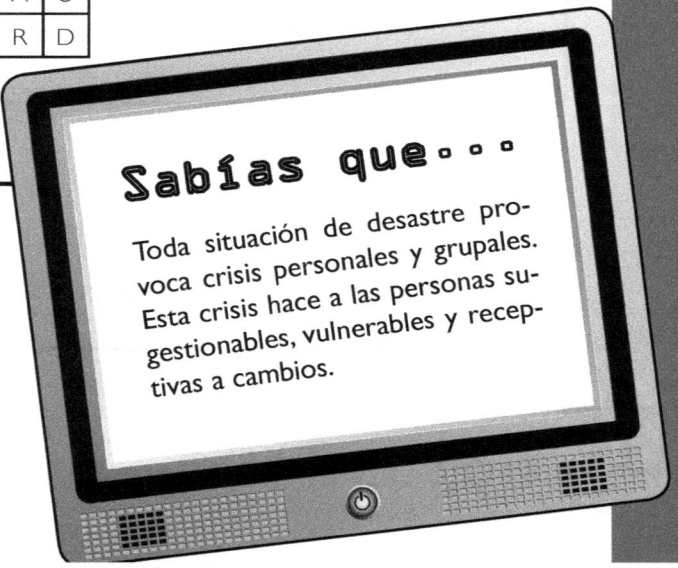

Sabías que...

Toda situación de desastre provoca crisis personales y grupales. Esta crisis hace a las personas sugestionables, vulnerables y receptivas a cambios.

Lección 30

Conéctate | Descargas | ¡Vamos al chat!

Para memorizar: "…Amarás al Señor tu Dios con todo tu corazón, y con toda tu alma, y con todas tus fuerzas, y con toda tu mente; y a tu prójimo como a ti mismo" (Lucas 10:27).

Conéctate | Descargas | ¡Vamos al chat!

Al lado de cada una de las palabras escritas abajo, escribe un ejemplo de comportamiento que denotaría dicha cualidad.

Benignidad: ______________________

Bondad: ______________________

Humildad: ______________________

Perdón: ______________________

Esperanza: ______________________

Mansedumbre: ______________________

Paciencia: ______________________

Compartir: ______________________

Conéctate | Descargas | ¡Vamos al chat!

En esta semana comienza a cambiar tu actitud hacia alguna persona que consideres tu prójimo con quien no tengas mucha relación.

Sabías que...

La mayor necesidad emocional de todo ser humano es ser y sentirse amado.

Lección 31

¡QUÉ FAMILIA!

Conéctate | Descargas | ¡Vamos al chat!

Para memorizar: "Bendeciré a los que te bendijeren, y a los que te maldijeren maldeciré; y serán benditas en ti todas las familias de la tierra" (Génesis 12:3).

Conéctate | Descargas | ¡Vamos al chat!

Relaciona las columnas uniendo con una línea los nombres de los personajes bíblicos que son familiares y escribe en la línea el parentesco.

Abraham	Eva
Noemí	Esaú
Marta	Andrés
Labán	Juan el Bautista
Timoteo	Lea
Jonatán	Cam
Jesús	Lázaro
Simón	Loida
José	Aarón
Abel	Rut
Noé	Saúl
Jocabed	Saraí

Conéctate | Descargas | ¡Vamos al chat!

Empieza a pensar, qué actitudes personales, no benefician tus relaciones familiares; ya sean palabras, pensamientos o gestos con las cuales no honras a tus padres, y también palabras, pensamientos o gestos que desmerecen y afectan la relación con tus hermanos.
Escríbelo en forma de lista y procura cada día modificar una de esas actitudes que detallaste.
Si empiezas de a poco será más fácil y verás cuanto bien hace aún a tu relación con Dios.

Sabías que...
La palabra familia o familias, se encuentra 319 veces en la Biblia, vemos que es un tema que Dios no ignoró.
http://www.biblegateway.com/keyword/index.php?search=familia&version1=60&searchtype=all&limit=none&wholewordsonly=no&startnumber=126&startnumber=251&startnumber=301

cnp

¡Uy niños...!

Conéctate | Descargas | ¡Vamos al chat!

Para memorizar: "...y dijo: De cierto os digo, que si no os volvéis y os hacéis como niños, no entraréis en el reino de los cielos" (Mateo 18:3).

Conéctate | Descargas | ¡Vamos al chat!

Piensa en un niño con el cual tratas frecuentemente. Escribe su nombre a manera de columna y escribe sus cualidades en forma de acróstico. Comparte con tus compañeros.

Comparte el acróstico con el niño en quien pensaste y con sus padres.

Conéctate | Descargas | ¡Vamos al chat!

Planea con el maestro y tus compañeros una vigilia de oración a favor de los niños de nuestra sociedad y del mundo. Investiguen las distintas razones por las cuales orar por los niños, por ejemplo: Por los niños que han sido y son violados, por los niños que son maltratados, por los niños huérfanos, por las niñas a las que obligan a casar en algunas ciudades de países latinoamericanos. Pueden involucrar a toda la iglesia y desarrollar juntos un programa dinámico de oración que haga conciencia sobre el tema. Pueden conseguir estadísticas de niños maltratados en su ciudad y de las problemáticas más comunes.

Sabías que...

Según la UNICEF cada año unos 6 millones de niños, niñas y adolescentes son víctimas de abusos severos en América Latina y el Caribe, de los cuales 80,000 mueren a causa de la violencia doméstica.
http://www.infolatam.com/entrada/latinoamerica_6_millones_de_ninos_sufren-13876.html [Consultado 1-6-10]

cnp

Lección 33

EL JOVEN Y LOS ANCIANOS

Conéctate | Descargas | ¡Vamos al chat!

Para memorizar: "La gloria de los jóvenes es su fuerza,Y la hermosura de los ancianos es su vejez" (Proverbios 20:29).

Conéctate | Descargas | ¡Vamos al chat!

Encuentren palabras claves para definir o describir al anciano.

l	v	p	a	c	i	e	n	c	i	a	d	d
p	x	z	r	g	a	t	e	y	j	a	a	h
e	j	o	r	u	s	r	k	f	d	d	v	b
y	i	l	a	c	t	p	n	i	i	o	x	d
x	f	e	d	r	c	e	v	n	t	q	d	d
i	k	u	u	b	j	e	a	e	c	t	a	p
h	x	b	y	j	g	i	p	e	a	l	t	y
g	w	a	a	n	c	s	c	i	r	u	s	a
q	l	u	o	n	e	x	b	s	i	k	i	t
f	g	l	a	r	a	e	z	j	ñ	r	m	o
c	l	w	s	j	v	o	i	t	o	n	a	d
x	p	n	o	i	s	n	e	r	p	m	o	c
n	g	h	t	z	i	p	q	d	e	c	u	v

Respeto	Cariño	Abuelo
Longevidad	Comprensión	Amistad
Paciencia	Ayudar	Ancianidad

Conéctate | Descargas | ¡Vamos al chat!

Tomen tiempo y planeen con la clase una actividad con los ancianos, ya sea un picnic, un almuerzo o cena, para pasar tiempo de calidad con ellos. Un tiempo donde compartan juegos diversos que favorezcan el intercambio y la relación. Ese día cada joven puede adoptar un abuelito al que visitará, lo saludará en su cumpleaños, lo llamará y estará pendiente de él.

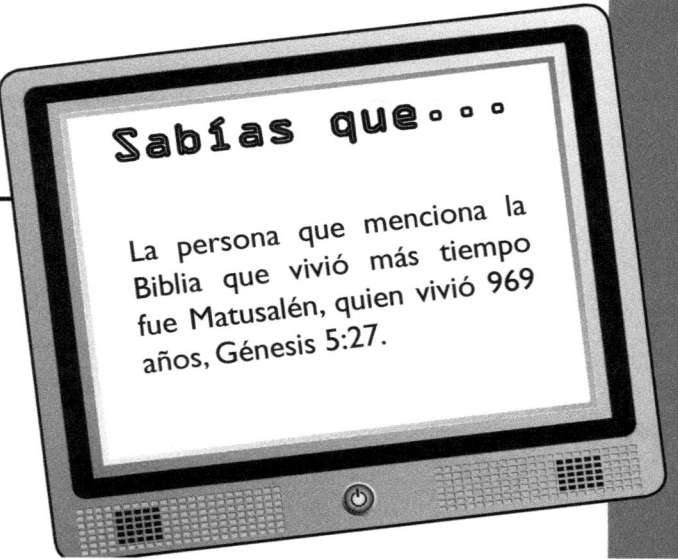

Sabías que...

La persona que menciona la Biblia que vivió más tiempo fue Matusalén, quien vivió 969 años, Génesis 5:27.

Lección 34

LAS AUTORIDADES

Conéctate | Descargas | ¡Vamos al chat!

Para memorizar: "Sométase toda persona a las autoridades superiores; porque no hay autoridades sino de parte de Dios, y las que hay, por Dios han sido establecidas" (Romanos 13:1).

Conéctate | Descargas | ¡Vamos al chat!

Lee los siguientes pasajes y escríbelos con tus propias palabras.

Tito 3:1 — Que debemos sujetarnos y obedecer a nuestras autoridades y estar dispuestos a colaborar en todo lo que podamos.

____

1 Timoteo 2:1-3 — Que debemos orar por la gente que está en autoridad, para que Dios los guíe y nos puedan guiar de la mejor manera posible, haciendo esto, agradamos a Dios.

____

Conéctate | Descargas | ¡Vamos al chat!

En la semana lee Lee Romanos 13:1-7 y 1 Timoteo 2:1-3 y haz una lista de las actitudes que hemos visto en la clase que debemos tener hacia la autoridad y subraya aquellas que aun no has desarrollado, busca a las autoridades más cercanas que puedas tener (maestros, directores, jefes) y compárteles tu deseo de desarrollar esas nuevas actitudes, para que ellos puedan ayudarte.

Sabías que...

La palabra gobierno viene del latín "guberno" significa "manejar el timón de una nave", de este significado deriva el sentido figurado de gobernar.

cnp

Lección 35

Conéctate | Descargas | ¡Vamos al chat!

Para memorizar: "Así distinguimos entre los hijos de Dios y los hijos del diablo: El que no practica la justicia no es hijo de Dios; ni tampoco lo es el que no ama a su hermano" (I Juan 3:10 NVI).

Conéctate | Descargas | ¡Vamos al chat!

Escribe diferencias que se encuentran en forma cotidiana entre jóvenes cristianos y jóvenes que no lo son.

Joven cristiano	Joven no cristiano
______	______
______	______
______	______
______	______
______	______
______	______

Más allá de tus palabras, tus actos hablan. Nuestro testimonio se expresa en palabra y acciones que muestren a Cristo. ¿Puedes mostrar la diferencia en este mundo que vive tan lejos de Dios? ______

Conéctate | Descargas | ¡Vamos al chat!

¿Te diferencian los otros por tus valores y convicciones cristianos? Pregúntale a tus amigos o a la gente mas cercana a ti. ¿Qué es lo que ven en ti diferente? Examina tu vida haz los cambios necesarios. Cada día al levantarte repite el texto para memorizar. A la noche anota como te fue y compártelo el próximo domingo con tus compañeros.

Sabías que...

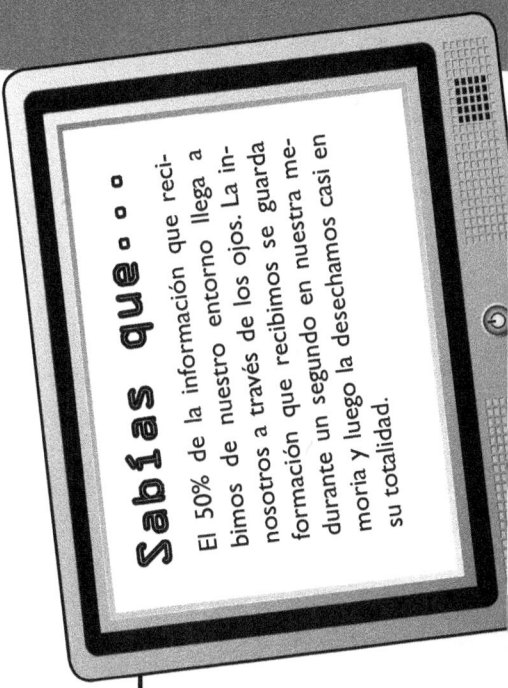

El 50% de la información que recibimos de nuestro entorno llega a nosotros a través de los ojos. La información que recibimos se guarda durante un segundo en nuestra memoria y luego la desechamos casi en su totalidad.

Lección 3b ¿Quién está al frente?

Conéctate | Descargas | ¡Vamos al chat!

Para memorizar: "Porque el siervo del Señor no debe ser contencioso, sino amable para con todos, apto para enseñar, sufrido; que con mansedumbre corrija a los que se oponen..." (2 Timoteo 2:24-25a).

Conéctate | Descargas | ¡Vamos al chat!

Escribe una lista de características de Cristo que sobresalen como líder.

Conéctate | Descargas | ¡Vamos al chat!

Piensa en esta semana cómo puedes poner en práctica lo aprendido en clase. ¿Qué debes hacer si sientes el llamado de Dios a servir? ¿Qué puedes hacer para apoyar a los que son los líderes en la iglesia? Piensa en esto y ora al Señor para que te guíe en el servicio que desea que hagas.

Sabías que...

Que en el Nuevo Testamento no aparece la palabra líder y en su lugar se usa la palabra siervo.

Conéctate | Descargas | ¡Vamos al chat!

Para memorizar: "Porque Cristo, cuando aún éramos débiles, a su tiempo murió por los impíos" (Romanos 5:6).

Conéctate | Descargas | ¡Vamos al chat!

Responde teniendo como base el relato de Hechos 3:1–10.

¿El hombre cojo qué creía necesitar y por qué?

____

¿Qué pensó Pedro que el hombre cojo necesitaba?

____

¿Cómo creen que se sintió el hombre al recibir la sanidad?¿Por qué?

____

¿Cónoces el testimonio personal o de alguien que haya recibido sanidad física? Comparte con el grupo.

____

____

____

____

Conéctate | Descargas | ¡Vamos al chat!

Planea con tu grupo, una visita a algún centro de rehabilitación u orfanato de personas con capacidades especiales, prográmalo con tiempo, solicitando las autorizaciones pertinentes y llevando algún detalle de regalo para dejarles. Esto puede realizarse periódicamente planeando actividades acordes a las necesidades observadas.

Sabías que...

"Incapacitado o minusválido" pueden dar a entender que son personas "sin capacidad" o de "menor valor", el uso del término "persona con capacidades especiales" reconoce que son "personas" y tienen mucho que aportar a nuestra sociedad.

cnp

Conéctate | Descargas | ¡Vamos al chat!

Para memorizar: "Así que, todas las cosas que queráis que los hombres hagan con vosotros, así también haced vosotros con ellos; porque esto es la ley y los profetas" (Mateo 7:12).

Conéctate | Descargas | ¡Vamos al chat!

La Ley Suprema
(Exodo 20:3-17)
Crucigrama. Descubre cuáles son los diez mandamientos que Dios dio al pueblo de Israel, y que siguen siendo base de la vida del cristiano.

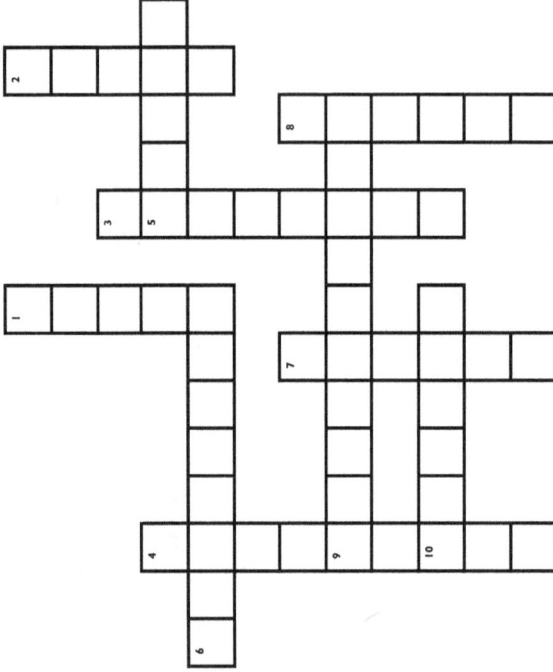

Horizontal
5 Significa quitarle la vida a alguien: matar (v.13)
6 Significa desear, con envidia, algo que no es tuyo: codiciar (v.17)
9 No debemos dar falso testimonio en contra de nuestro prójimo (v.16)
10 Guardaremos el día de reposo (v.8)

Vertical
1 No usar el nombre del Señor en vano (v.7)
2 Tomar algo que no nos pertenece: robar (v.15)
3 No debemos hacernos imágenes (v.4)
4 Ser infiel a tu esposa(o): adulterio (v.14)
7 No debemos tener otros dioses (v.3)
8 Debemos honrar a nuestros padres (v.12)

Conéctate | Descargas | ¡Vamos al chat!

Memoriza la regla de oro "Así que, todas las cosas que querías que los hombres hagan con vosotros, así también haced vosotros con ellos…" Mateo 7:12 y ponla en práctica esta semana y comparte la próxima semana tu experiencia.

Sabías que…

Dios le dio a Moisés los Diez Mandamientos en un monte y Jesús compartió las Bienaventuranzas y la regla de oro también en un monte, de allí el nombre "El sermón del monte".

Lección 39

TENEMOS LA UNCIÓN

Conéctate | Descargas | ¡Vamos al chat!

Para memorizar: "Pero vosotros tenéis la unción del Santo, y conocéis todas las cosas" (I Juan 2:20).

Conéctate | Descargas | ¡Vamos al chat!

Completa las siguientes oraciones.

En el Antiguo Testamento el propósito fundamental de la unción era:_ ______________________________

La unción estaba ligada a: ______________________________ ______________________________

En el Antiguo Testamento no todas las personas gozaban de ______ ______________ para ungir.

Dios concedía la autoridad a la persona encargada de __________ a otros.

En el Nuevo Testamento el aceite se ve como ____________ del Espíritu Santo.

Después del Pentecostés ____________ los que confiesan a Jesucristo como su salvador pueden recibir el ______________

En los tiempos de Jesús en la tierra se ungía a los ____________ ______________________________

¿Cuál era tu definición de unción antes de la lección?

____

¿Cuál era tu definición de unción ahora?

____

Conéctate | Descargas | ¡Vamos al chat!

Durante la semana entrevista a varios líderes preguntándole que creen ellos acerca de la unción, y en la próxima clase trae las respuestas para compartirla con la clase.

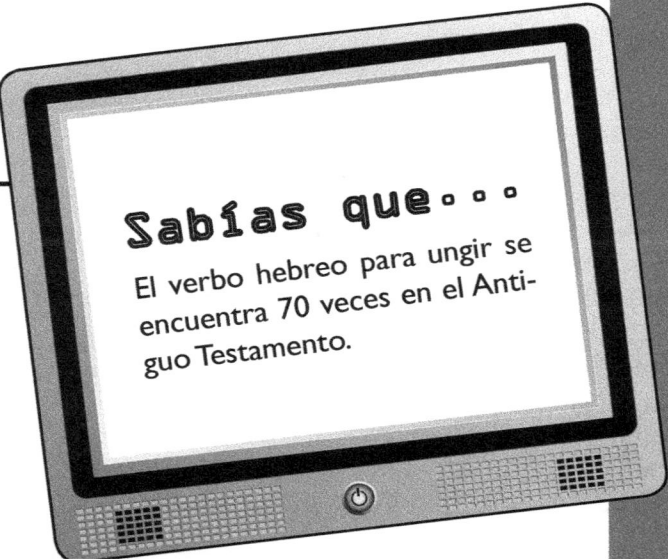

Sabías que...

El verbo hebreo para ungir se encuentra 70 veces en el Antiguo Testamento.

Lección 40

PALABRAS QUE AFIRMAN

Conéctate | Descargas | ¡Vamos al chat!

Para memorizar: "Y los veinticuatro ancianos y los cuatro seres vivientes se postraron en tierra y adoraron a Dios, que estaba sentado en el trono, y decían: ¡Amén! ¡Aleluya!" (Apocalipsis 19:4).

Conéctate | Descargas | ¡Vamos al chat!

Revisando los pasajes estudiados y con la guía, resuelve los siguientes acrósticos.

ALELUYA:

1. Según Salmos 105:45 ¿qué debemos hacer con los estatutos dados por Dios?
2. De acuerdo al mismo versículo, ¿qué debemos cumplir?
3. El Salmo 106:1 nos dice que debemos alabar a Dios porque Él es…
4. En Salmo 106:1 ¿qué palabra usa el salmista para exhortar a la alabanza?
5. En Apocalipsis 19:1-6 ¿cuántas veces aparece la palabra ALELUYA?
6. Según Apocalipsis 19:4 ¿cuáles eran las dos palabras que le decían a Dios?
7. ¿Qué fiesta se celebra en este relato? Apocalipsis 19:7

AMÉN:

1. Según Deuteronomio 27:26, ¿cómo es el hombre que desobedece la ley de Dios?
2. En Jeremías 11:5 ¿con qué palabra el profeta confirma las palabras de Jehová?
3. De acuerdo a lo expresado en Romanos 1:25, ¿qué cambió el hombre por mentira?
4. Dice en I Pedro 5:10 "Somos llamados a la gloria _________ en Jesucristo".

1. _ _ _ _ _ A _ _ _ _
2. L _ _ _ _
3. _ _ E _ _
4. _ _ _ L _ _ _
5. _ U _ _ _ _
6. _ _ _ _ Y _ _ _ _ _ _ _
7. _ _ _ A _

1. _ A _ _ _ _ _
2. _ M _ _
3. _ É _ _ _ _
4. _ _ _ _ N _

Conéctate | Descargas | ¡Vamos al chat!

Piensa en esta semana registrar por escrito, tus expresiones de alabanza a Dios. De qué formas alabas a Dios, que palabras utilizas y cómo se relacionan éstas a lo aprendido en esta lección. Ejercítate en tus disciplinas espirituales, inicia un diario espiritual que registre tus encuentros diarios y pactos con Dios.

Sabías que...

En el Antiguo Testamento la palabra aleluya aparece 23 veces, y sólo en 15 de los 150 salmos … No aparece en ningún otro versículo del Antiguo Testamento, fuera de estos 15 salmos… http://elmensajedelabiblia.googlepages.com/amenoaleluya%28nuevo%29

Lección 41

Dios de Pactos

Conéctate | Descargas | ¡Vamos al chat!

Para memorizar: "Pero este es el pacto que haré con la casa de Israel después de aquellos días, dice Jehová: Daré mi ley en su mente, y la escribiré en su corazón; y yo seré a ellos por Dios, y ellos me serán por pueblo" (Jeremías 31:33)

Conéctate | Descargas | ¡Vamos al chat!

Instrucción: Lee las siguientes citas bíblicas, encuentra los nombres de algunos personajes que establecieron algún pacto con Dios y escribe el nombre que corresponda en cada casilla. Después, busca los nombres en la sopa de letras.

Cita Bíblica	Socio
Génesis 2:15-17	________
Génesis 8:20-22	________
Génesis 12:1-3	________
Génesis 26:1-5	________
Éxodo 19:3-6	________
1 Samuel 1:9-11	________
2 Samuel 7:5-17	________
Juan 3:16	________

M	O	M	A	E	O	N	L	I	Y	D
N	D	A	A	A	D	C	C	M	I	M
L	N	A	M	A	M	T	B	V	A	I
A	U	A	O	A	E	H	A	H	A	H
N	M	N	I	E	A	D	A	N	A	S
A	I	S	S	O	R	R	E	R	A	O
N	A	S	E	A	B	O	B	M	S	A
I	I	M	S	A	O	A	D	U	E	E
I	S	A	A	C	L	N	S	D	S	R

Conéctate | Descargas | ¡Vamos al chat!

Marca con una línea en el dibujo de abajo, el nivel de compromiso en el que te has mantenido en tu pacto con Dios.

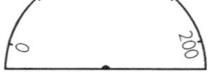

0= Nada de Compromiso

200= Comprometido por completo

0 — 100 — 200

Llévate esta hoja a tu casa y haz una lista de cinco cosas específicas en las que sabes que has fallado en tu relación con Dios, pero estás dispuesto a cumplirlas como parte de tu pacto con Dios. Piensa en esto en la semana y comparte como te fue en la próxima clase.

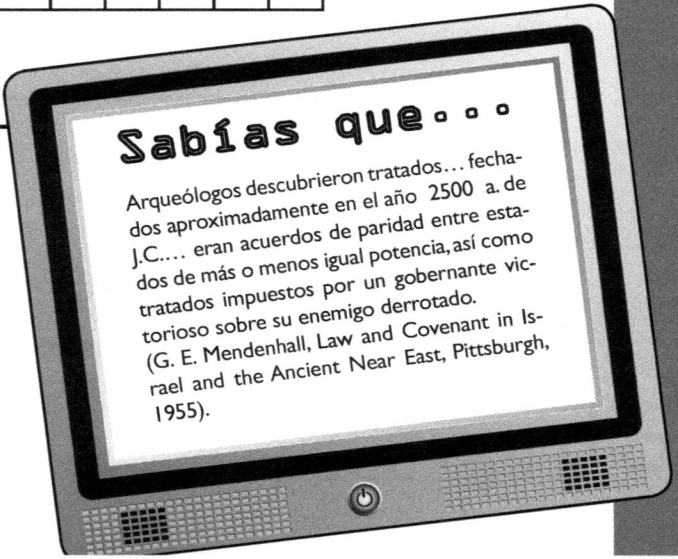

Sabías que...

Arqueólogos descubrieron tratados… fechados aproximadamente en el año 2500 a. de J.C.… eran acuerdos de paridad entre estados de más o menos igual potencia, así como tratados impuestos por un gobernante victorioso sobre su enemigo derrotado. (G. E. Mendenhall, Law and Covenant in Israel and the Ancient Near East, Pittsburgh, 1955).

Lección 42

La presencia de Dios

Conéctate | Descargas | ¡Vamos al chat!

Para memorizar: "Me mostrarás la senda de la vida; En tu presencia hay plenitud de gozo; Delicias a tu diestra para siempre" (Salmo 16:11).

Conéctate | Descargas | ¡Vamos al chat!

1. Escriban las formas como Dios manifestaba su presencia en el Antiguo Testamento.

____

____

2. Escriba de qué formas Dios manifestó su presencia en el Nuevo Testamento.

____

____

____

3. ¿Por qué la presencia de Dios no es sólo emocionalismo?

____

____

4. Explica como se manifiesta la presencia de Dios en la vida del creyente.

____

____

5. ¿Es tu anhelo, disfrutar la presencia de Dios en tu vida? ______
¿Por qué? _______________

____

____

Conéctate | Descargas | ¡Vamos al chat!

Busca más anhelantemente la presencia de Dios en la siguiente semana. En la próxima clase, comenta lo que Dios está haciendo en tu vida.

Sabías que...

Elías tuvo un encuentro con la presencia de Dios en el mismo lugar donde la tuvo Moisés (Monte Horeb).

Lección 43

¿QUÉ OFRENDARÁS?

Conéctate | Descargas | ¡Vamos al chat!

Para memorizar: "…El que siembra escasamente, también segará escasamente; y el que siembra generosamente, generosamente también segará. Cada uno dé como propuso en su corazón: no con tristeza, ni por necesidad, porque Dios ama al dador alegre" (2 Corintios 9:6-7).

Conéctate | Descargas | ¡Vamos al chat!

Responde personalmente:

¿Qué espera Dios de sus hijos cuando ofrendan?

____

____

¿Por qué ofrendas?

____

____

¿Qué te enseña el relato de Marcos 12:41-44?

____

____

¿Cuáles son tus prácticas de ofrendar actualmente?

____

____

¿Crees que necesitas cambiar algo después de lo estudiado hoy?

____

____

____

Conéctate | Descargas | ¡Vamos al chat!

Proponte esta semana, apartar para tus ofrendas un porcentaje voluntario del dinero que administras. Cuando entregues tus ofrendas en los cultos recuerda todo lo que Dios hizo para salvarte y dalo con gozo como un acto de adoración a quien dio todo por ti.

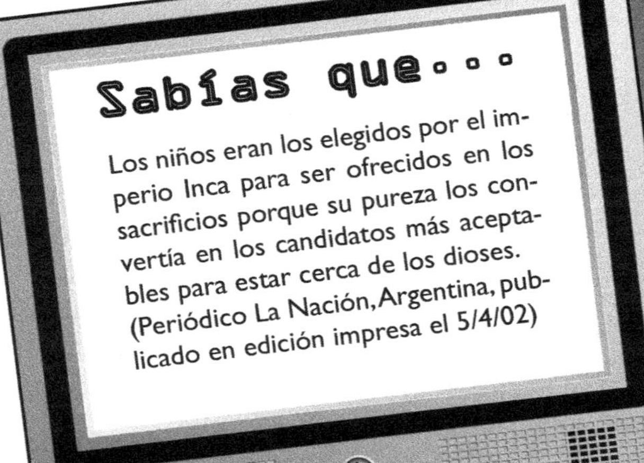

Sabías que…
Los niños eran los elegidos por el imperio Inca para ser ofrecidos en los sacrificios porque su pureza los convertía en los candidatos más aceptables para estar cerca de los dioses. (Periódico La Nación, Argentina, publicado en edición impresa el 5/4/02)

Lección 44

EL REGALO DE DIOS

Conéctate | Descargas | ¡Vamos al chat!

Para memorizar: "En Ti se halla perdón, y por eso debes ser temido" (Salmo 130:4 NVI).

Conéctate | Descargas | ¡Vamos al chat!

NUESTRA VIDA EN LA GRACIA DE DIOS	
El momento más importante de mi vida, donde la gracia de Dios se manifestó fue: ______	
Dibujo 1: ANTES DE LA GRACIA DE DIOS	Dibujo 2: AHORA EN LA GRACIA DE DIOS
______ Nombre	______ Firma ___/___/___ Fecha

Redacta brevemente el momento que consideres más importante de tu vida, donde la gracia de Dios se haya manifestado.
Haz dos dibujos: Uno que proyecte lo que eras antes, y otro que proyecte lo que eres ahora por la gracia de Dios.
Comparte tu dibujo con la clase y explícalo.
Haz una oración, no sólo de agradecimiento por la gracia de Dios en tu vida, sino también de compromiso para vivir y compartir esa gracia con todas las personas que la necesitan.

Conéctate | Descargas | ¡Vamos al chat!

Escribe durante esta semana aquellos pasajes de tu vida donde notaste palpablemente la gracia de Dios. Después piensa sobre lo que pudo haber pasado si no hubieses decidido por Cristo. Agradece a Dios por todo lo que te ha dado en su gracia.

Sabías que...

Son millones los que hoy siguen rechazando la gracia de Dios, aun cuando Dios mismo les ha bendecido en muchas maneras.

Lección 45

¡DIOS TE BENDIGA!

Conéctate | Descargas | ¡Vamos al chat!

Para memorizar: "Y haré de ti una nación grande, y te bendeciré, y engrandeceré tu nombre, y serás bendición" (Génesis 12:2).

Conéctate | Descargas | ¡Vamos al chat!

Descubre todas las palabras relacionadas con la lección estudiada. Luego comparte con el grupo lo que encontraste.

1. otindbe ______________
2. aicendiebo ______________
3. nocidialm ______________
4. ricdeneb ______________
5. igoole ______________
6. rablah nieb ______________

Pida que escriban una definición personal de bendición.

Conéctate | Descargas | ¡Vamos al chat!

En esta semana, toma el desafío de buscar formas prácticas y diarias de obtener la bendición de Dios y a su vez ser de bendición para otros.

No tienes que hacer cosas extrañas. Cada mañana toma un tiempo con Dios, consagra tu día y mantente atento a disfrutar lo que Él hará en ti y a través tuyo. Comparte la próxima clase, de esa forma seguramente bendecirás a Dios, agradeciendo sus favores y bendecirás a tus compañeros de clase dando testimonio vivo del obrar divino en ti.

Sabías que...

En latin "bendecir" está compuesta por dos términos: bene – Bien y dicere – decir. En este caso bendecir sería "decir bien" para que nuestras palabras emitan alabanza y exaltación a Dios, y también "bien decir" a las personas que lo necesitan.

cnp

Conéctate | Descargas | ¡Vamos al chat!

Para memorizar: "…y de todo lo que me dieres el diezmo apartaré para ti" (Génesis 28:22).

Conéctate | Descargas | ¡Vamos al chat!

Verticales

1. Una de las prácticas que los fariseos exageraban.
2. Muestra confianza en la fidelidad a Dios.
3. Levantó un altar e hizo un pacto con Dios sobre el diezmo.
4. Dios es…
5. ¿Qué era el diezmo para los judíos?

Horizontales

1. Eran fieles diezmadores, pero su actitud no era buena delante de Dios.
2. Resultado cuando demostramos nuestro amor a través del diezmo.
3. Sabor de goma de mascar, que se menciona en relación al diezmo.
4. Lugar a donde eran llevados los diezmos.
5. Acusación que Jesús hace a los fariseos.

Conéctate | Descargas | ¡Vamos al chat!

Dios te da la oportunidad de diezmar si todavía no lo haces, puedes junto a tu grupo y tu maestro formar un equipo de fidelidad, aunque es algo muy personal ellos pueden estar recordándotelo cada domingo así como se pregunta una petición para orar. Escojan un método discreto como una señal.

Sabías que…

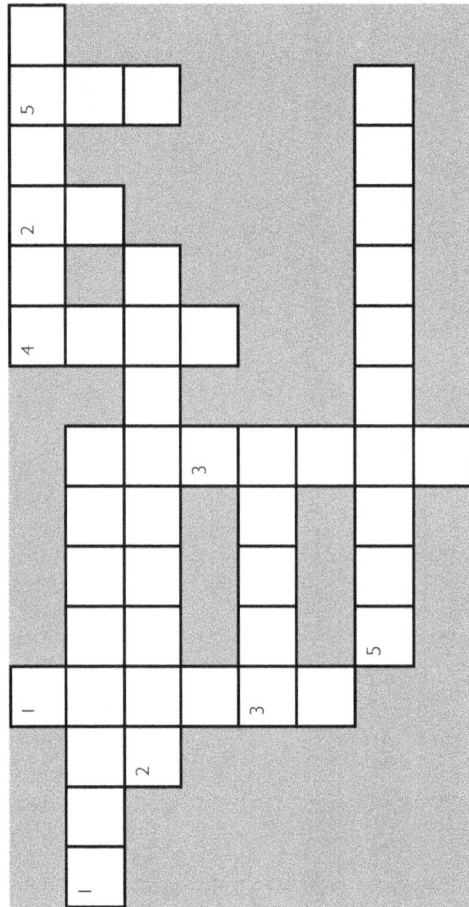

Según la Real Academia Española, diezmo es el derecho del diez por ciento que se pagaba al rey sobre el valor de las mercaderías que se traficaban y llegaban a los puertos, o entraban y pasaban de un reino a otro.

Lección 47

TÍTULOS ECLESIALES

Conéctate | Descargas | ¡Vamos al chat!

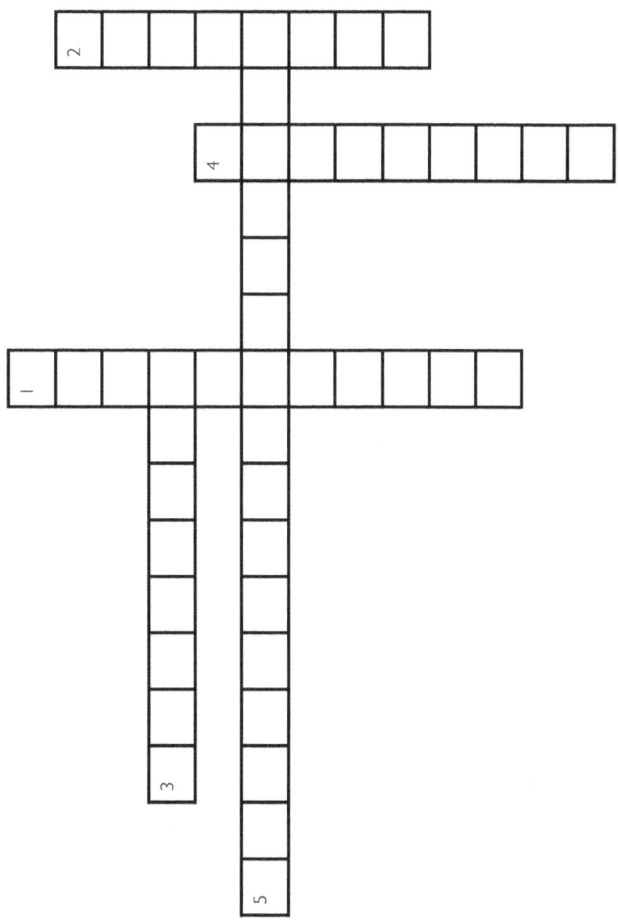

Para memorizar: "…y el que quiera ser el primero entre vosotros será vuestro siervo; como el Hijo del Hombre no vino para ser servido, sino para servir, y para dar su vida en rescate por muchos" (Mateo 20:27-28).

Conéctate | Descargas | ¡Vamos al chat!

Verticales

1. Viaja predicando el evangelio.
2. Sirve en una institución de educación cristiana.
4. Sirve transculturalmente.

Horizontales

3. Sirve en instituciones militares, civiles e industriales.
5. Su llamado y ministerio le permiten ministrar con mucha melodia.

Conéctate | Descargas | ¡Vamos al chat!

Te invitamos a reflexionar sobre tus capacidades y los dones que Dios te ha dado y pensar cómo puedes utilizarlo en la obra de tu iglesia local. Un buen comienzo sería elegir hoy un compañero de oración, una persona con la puedas pasar las siguientes tres o cuatro semanas orando. Tal vez descubras un nuevo don en tu vida.

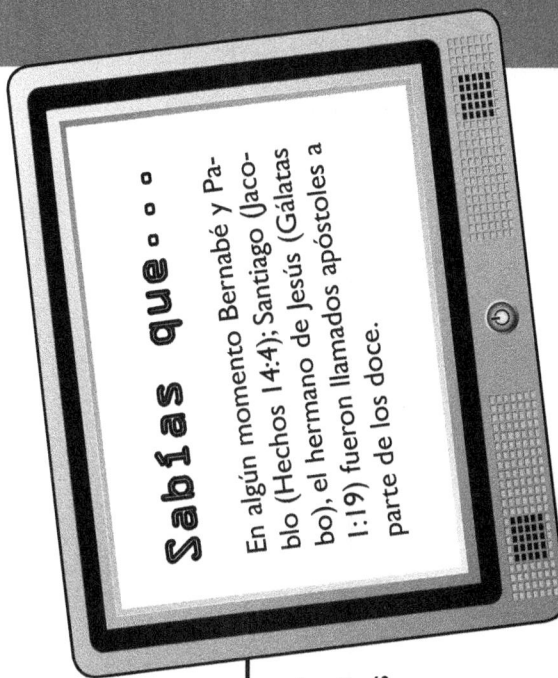

Sabías que…

En algún momento Bernabé y Pablo (Hechos 14:4); Santiago (Jacobo), el hermano de Jesús (Gálatas 1:19) fueron llamados apóstoles a parte de los doce.

cnp

Lección 48

¡QUÉ CELEBRACIÓN!

Conéctate | Descargas | ¡Vamos al chat!

Para memorizar: “Decid a la hija de Sión: He aquí, tu Rey viene a ti, manso, y sentado sobre una asna, sobre un pollino, hijo de animal de carga” (Mateo 21:5).

Conéctate | Descargas | ¡Vamos al chat!

Con la Biblia cerrada resuelvan las siguientes preguntas. Después se les preguntará una vez a cada grupo una de las preguntas. Si el equipo se equivoca, el grupo contrario, podrá responderla como pregunta extra. Ganará el grupo que tenga más respuestas correctas.

1. ¿A qué monte llegó Jesús y los discípulos? ______
2. ¿A cuántos discípulos envió Jesús? ______
3. ¿A cuál aldea dijo Jesús que fuesen los discípulos? ______
4. ¿Qué encontrarían los discípulos al llegar en la aldea? ______
5. ¿Qué deberían decir los discípulos si les dijeran algo? ______
6. ¿Cómo se encontraban los animales que fueron buscar los discípulos? ______
7. ¿Quién se sentó sobre el animalito? ______
8. ¿Qué pusieron los discípulos sobre los animales? ______
9. Según la profecía, ¿a quién se debe decir, “tu Rey viene”? ______
10. ¿Qué preguntó la gente de la ciudad al ver a Jesús? ______
11. Complete correctamente la aclamación de la gente: “Bendito el que…” ______
12. ¿Qué cosas tendía la multitud en el camino? ______

Reflexiona y escribe sobre cosas que quieres hacer en la práctica, para honrar la presencia de Jesús en tu vida, en las siguientes áreas:

1. Familia ______
2. Estudios ______
3. Emocional ______
4. Espiritual ______
5. Amigos ______

Conéctate | Descargas | ¡Vamos al chat!

Siendo nuestras vidas el lugar en el que Jesús habita, ¿cómo podemos hacer de él un lugar digno de un Rey? En la semana piensa en áreas que debes cambiar para que tu vida sea ese lugar digno.

Sabías que…

Normalmente los animales imitan el comportamiento de sus pares más adultos. Los historiadores dicen que Jesús les pidió a sus discípulos que trajesen también la asna, junto con el pollino. El pollino necesitaba de su mamá cerca para llevar a Jesús con tranquilidad.

cnp

Lección 49

VOLVER A VIVIR

Conéctate | Descargas | ¡Vamos al chat!

Para memorizar: "...aun estando nosotros muertos en pecados, nos dio vida juntamente con Cristo (por gracia sois salvos), y juntamente con él nos resucitó..." (Efesios 2:5-6a).

Conéctate | Descargas | ¡Vamos al chat!

Sin usar tu Biblia, coloca en orden cronológico los eventos de la historia de la resurrección de Jesús, tal y como lo relata Juan 20:1-10. Coloca números del uno al siete al lado de cada frase, uno (1) es el primer evento y siete (7) el último.

__ El otro discípulo corrió más aprisa, y llegó primero.
__ Les dijo: "se han llevado del sepulcro al maestro".
__ Y volvieron los discípulos a los suyos.
__ Vio el sudario enrollado en un lugar aparte.
__ María Magdalena fue de mañana al sepulcro.
__ Vio los lienzos puestos allí.
__ Y salieron Simón Pedro y el otro discípulo y fueron al sepulcro.

Conéctate | Descargas | ¡Vamos al chat!

La prioridad de Dios es que tú tengas la oportunidad de "vivir de nuevo" y en esa vida, disfrutar plenamente de la presencia y el amor perfecto de Dios por ti.
En la semana escribe una oración expresándole tu agradecimiento y amor a Dios. ¡Tienes que saber que puedes agradecerle a Dios cada día por tu nueva vida en Cristo! A Él le encanta escuchar tu voz hablándole cada día. Compártela con la clase la próxima vez que se reúnan.

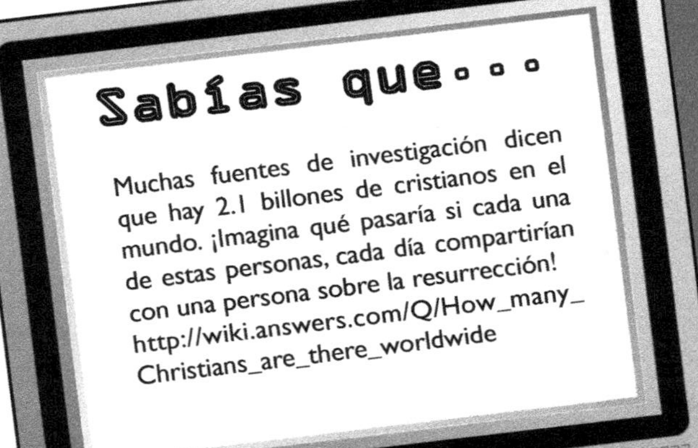

Sabías que...
Muchas fuentes de investigación dicen que hay 2.1 billones de cristianos en el mundo. ¡Imagina qué pasaría si cada una de estas personas, cada día compartirían con una persona sobre la resurrección!
http://wiki.answers.com/Q/How_many_Christians_are_there_worldwide

Lección 50

"Súper poder"

Conéctate | Descargas | ¡Vamos al chat!

Para memorizar: "Pero recibiréis poder, cuando haya venido sobre vosotros el Espíritu Santo…" (Hechos 1:8a).

Conéctate | Descargas | ¡Vamos al chat!

Lee cada afirmación y subraya la respuesta correcta.

1. Cuando llegó el día de la Fiesta de Pentecostés, los cristianos estaban:
   Tristes Unidos Angustiados
2. Cuando llegó la Fiesta de Pentecostés los cristianos estaban en:
   El Estadio Galilea Jerusalén
3. Antes de recibir el Espíritu Santo los discípulos eran:
   Temerosos Haraganes Disciplinados
4. Para dejar de ser egoístas y cobardes los discípulos necesitaban:
   Guardaespaldas Armas El Espíritu Santo
5. Luego de la venida del Espíritu Santo los discípulos fueron:
   Abusivos Valientes Rebeldes
6. Después de recibir el Espíritu Santo, Pedro pudo:
   Correr Huir Predicar
7. Para ser un joven plenamente feliz necesitas:
   Dinero El Espíritu Santo Amigos
8. Para recibir el Espíritu Santo necesitas:
   Buscar amigos Pedirlo a Dios Lucir bien

Conéctate | Descargas | ¡Vamos al chat!

En esta semana agradece a Dios por los cambios que ha hecho en tu vida. Y ora para que su Espíritu Santo siga fortaleciendo tus áreas débiles. No dejes de dar testimonio de lo que el Señor continúa haciendo en tu vida.

Sabías que…

Pentecostés era una fiesta judía para celebrar la recolección de la cosecha. La fiesta de pentecostés se realizaba 50 días después de la pascua y asistían judíos procedentes de muchos países.

cnp

¿Qué celebramos?

Conéctate | Descargas | ¡Vamos al chat!

Para memorizar: "Y dará a luz un hijo, y llamarás su nombre Jesús, porque él salvará a su pueblo de sus pecados" (Mateo 1:21).

Conéctate | Descargas | ¡Vamos al chat!

P	S	A	D	M	I	R	A	B	L	E	G	O
N	R	E	J	J	A	F	E	U	E	G	S	B
O	D	I	O	S	F	U	E	R	T	E	K	F
N	E	F	N	A	C	T	I	E	E	I	R	D
R	I	M	O	C	O	L	I	J	W	S	M	I
E	E	J	R	C	I	B	O	R	Q	A	F	E
T	P	S	E	S	F	P	A	D	O	X	R	N
E	I	P	J	B	I	R	E	R	V	L	U	C
E	W	E	E	E	A	Q	P	D	N	Z	T	I
R	I	G	S	E	O	J	K	L	E	E	M	A
D	S	D	N	N	L	O	B	E	N	P	Z	P
A	A	M	O	X	E	S	Z	O	M	D	A	K
P	K	G	C	A	T	H	L	P	M	C	X	Z

Sopa de letras

Encuentra los cuatro nombres compuestos que Isaías mencionó en su profecía.

Admirable

Consejero

Príncipe de Paz

Padre Eterno

Dios Fuerte

Conéctate | Descargas | ¡Vamos al chat!

Haz una pequeña encuesta con tus amigos sobre cuál creen ellos que es el significado de la navidad. Anota sus respuestas en un cuaderno. Compáralas con lo que dice la Biblia. Medita en esto y luego anota lo que tú crees. Compartan sus respuestas durante la próxima clase.

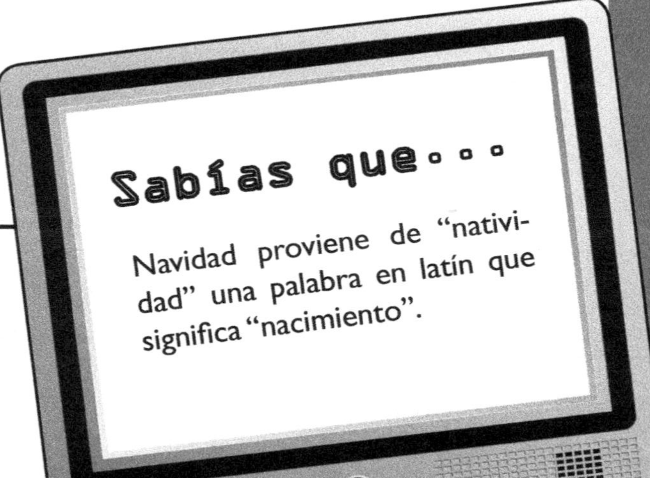
Sabías que...
Navidad proviene de "natividad" una palabra en latín que significa "nacimiento".

cnp

¡ALGO NUEVO!

Conéctate | Descargas | ¡Vamos al chat!

Para memorizar: "Olviden las cosas de antaño; ya no vivan en el pasado. ¡Voy a hacer algo nuevo! Ya está sucediendo, ¿no se dan cuenta?" (Isaías 43:18-19a NVI).

Conéctate | Descargas | ¡Vamos al chat!

Todas las palabras se han caído.

Y están todas revueltas en las filas.

¡Ordénlas!

Conéctate | Descargas | ¡Vamos al chat!

Responde las siguientes preguntas y guárdalas. ¿Cuáles son tus expectativas para este nuevo año? ¿Qué esperas de Dios este nuevo año? ¿Qué esperas de ti mismo este nuevo año? Revisa las preguntas y sus respuestas en el transcurso del año e irás viendo como vas avanzando.

Sabías que...

El 31 de diciembre tendrás 8,760 horas por delante hasta llegar al próximo fin de año, ¿cómo las usarás?

Versículos para memorizar

Primera Unidad • Desafíos de la vida cristiana

Lección 1: "Guárdame Dios, porque en ti he confiado" (Salmo 16:1).

Lección 2: "Y creó Dios al hombre a su imagen, a imagen de Dios lo creó; varón y hembra los creó" (Génesis 1:27).

Lección 3: "Sobre toda cosa guardada, guarda tu corazón; porque de él mana la vida" (Proverbios 4:23).

Lección 4: "Ahora, pues, ninguna condenación hay para los que están en Cristo Jesús, los que no andan conforme a la carne, sino conforme al Espíritu" (Romanos 8:1).

Lección 5: "...y conocerán la verdad, y la verdad los hará libres" (Juan 8:32 NVI).

Lección 6: "Porque no nos ha dado Dios espíritu de cobardía, sino de poder, de amor y de dominio propio" (2 Timoteo 1:7).

Lección 7: "Cualquiera, pues, que quiera ser amigo del mundo se constituye en enemigo de Dios" (Santiago 4:4b).

Segunda Unidad • Viviendo la salvación

Lección 8: "Porque de tal manera amó Dios al mundo, que ha dado a su Hijo unigénito, para que todo aquel que en él cree, no se pierda, mas tenga vida eterna" (Juan 3:16).

Lección 9: "Espere Israel a Jehová, porque en Jehová hay misericordia, y abundante redención con él; y él redimirá a Israel de todos sus pecados" (Salmo 130:7-8).

Lección 10: "Justificados, pues, por la fe, tenemos paz para con Dios por medio de nuestro Señor Jesucristo..." (Romanos 5:1 RVR95).

Lección 11: "Vestíos del nuevo hombre, creado según Dios en la justicia y santidad de la verdad" (Efesios 4:24).

Lección 12: "Así que ya no eres esclavo, sino hijo; y si hijo, también heredero de Dios por medio de Cristo" (Gálatas 4:7).

Lección 13: "Y esta es la promesa que él nos hizo: la vida eterna" (1 Juan 2:25).

Lección 14: "Por tanto, amados míos, como siempre habéis obedecido, no solamente cuando estoy presente, sino mucho más ahora que estoy ausente, ocupaos en vuestra salvación con temor y temblor" (Filipenses 2:12).

Lección 15: "Y el mismo Dios de paz os santifique por completo; y todo vuestro ser, espíritu, alma y cuerpo, sea guardado irreprensible para la venida de nuestro Señor Jesucristo" (I Tesalonicenses 5:23).

Tercera Unidad • Siendo y haciendo discípulos

Lección 16: "Pero tú, permanece firme en lo que has aprendido y de lo cual estás convencido, pues sabes de quiénes lo aprendiste" (2 Timoteo 3:14 NVI).

Lección 17: "Así, pues, cualquiera de vosotros que no renuncia a todo lo que posee, no puede ser mi discípulo" (Lucas 14:33).

Lección 18: "Que nadie te menosprecie por ser joven. Al contrario, que los creyentes vean en ti un ejemplo a seguir en la manera de hablar, en la conducta, y en amor, fe y pureza" (1 Timoteo 4:12 NVI).

Lección 19: "Pero no se venderá ni se rescatará ninguna cosa consagrada, que alguno hubiere dedicado a Jehová; de todo lo que tuviere, de hombres y animales, y de las tierras de su posesión, todo lo consagrado será cosa santísima para Jehová" (Levítico 27:28).

Lección 20: "Sino que siguiendo la verdad en amor, crezcamos en todo en aquel que es la cabeza, esto es, Cristo" (Efesios 4:15).

Lección 21: "Por tanto, id, y haced discípulos a todas las naciones, bautizándolos en el nombre del Padre, y del Hijo, y del Espíritu Santo" (Mateo 28:19).

Cuarta Unidad • Administradores de la creación

Lección 22: "Porque el anhelo ardiente de la creación es el aguardar la manifestación de los hijos de Dios" (Romanos 8:19).

Lección 23: "De los animales limpios, y de los animales que no eran limpios, y de las aves, y de todo lo que se arrastra sobre la tierra, de dos en dos entraron con Noé en el arca; macho y hembra, como mando Dios a Noé" (Génesis 7:8-9).

Lección 24: "Tomó, pues, Jehová Dios al hombre, y lo puso en el huerto de Edén, para que lo labrara y lo guardase" (Génesis 2:15).

Lección 25: "Y el que tiene sed, venga; y el que quiera, tome del agua de la vida gratuitamente" (Apocalipsis 22:17b).

Lección 26: "Porque somos hechura suya, creados en Cristo Jesús para buenas obras" (Efesios 2:10a).

Lección 27: "Y el diezmo de la tierra, así de la simiente de la tierra como del fruto de los árboles, de Jehová es; es cosa dedicada a Jehová" (Levítico 27:30).

Lección 28: "Tiempo de nacer, y tiempo de morir; tiempo de plantar, y tiempo de arrancar lo plantado" (Eclesiastés 3:2).

Lección 29: "Pero el día del Señor vendrá como ladrón en la noche; en el cual los cielos pasarán con grande estruendo, y los elementos ardiendo serán deshechos, y la tierra y las obras que en ella hay serán quemadas" (2 Pedro 3:10).

Quinta Unidad • La vida de relación

Lección 30: "...Amarás al Señor tu Dios con todo tu corazón, y con toda tu alma, y con todas tus fuerzas, y con toda tu mente; y a tu prójimo como a ti mismo" (Lucas 10:27).

Lección 31: "Bendeciré a los que te bendijeren, y a los que te maldijeren maldeciré; y serán benditas en ti todas las familias de la tierra" (Génesis 12:3).

Lección 32: "...y dijo: De cierto os digo, que si no os volvéis y os hacéis como niños, no entraréis en el reino de los cielos" (Mateo 18:3).

Lección 33: "La gloria de los jóvenes es su fuerza, Y la hermosura de los ancianos es su vejez" (Proverbios 20:29).

Lección 34: "Sométase toda persona a las autoridades superiores; porque no hay autoridades sino de parte de Dios, y las que hay, por Dios han sido establecidas" (Romanos 13:1).

Lección 35: "Así distinguimos entre los hijos de Dios y los hijos del diablo: El que no practica la justicia no es hijo de Dios; ni tampoco lo es el que no ama a su hermano" (1 Juan 3:10 NVI).

Lección 36: "Porque el siervo del Señor no debe ser contencioso, sino amable para con todos, apto para enseñar, sufrido; que con mansedumbre corrija a los que se oponen..." (2 Timoteo 2:24-25a).

Lección 37: "Porque Cristo, cuando aún éramos débiles, a su tiempo murió por los impíos" (Romanos 5:6).

Lección 38: "Así que, todas las cosas que queráis que los hombres hagan con vosotros, así también haced vosotros con ellos; porque esto es la ley y los profetas" (Mateo 7:12).

Sexta Unidad • Diferentes conceptos a la luz de la Biblia

Lección 39: "Pero vosotros tenéis la unción del Santo, y conocéis todas las cosas" (1 Juan 2:20).

Lección 40: "Y los veinticuatro ancianos y los cuatro seres vivientes se postraron en tierra y adoraron a Dios, que estaba sentado en el trono, y decían: ¡Amén! ¡Aleluya!" (Apocalipsis 19:4).

Lección 41: "Pero este es el pacto que haré con la casa de Israel después de aquellos días, dice Jehová: Daré mi ley en su mente, y la escribiré en su corazón; y yo seré a ellos por Dios, y ellos me serán por pueblo" (Jeremías 31:33).

Lección 42: "Me mostrarás la senda de la vida; En tu presencia hay plenitud de gozo; Delicias a tu diestra para siempre" (Salmo 16:11).

Lección 43: "...El que siembra escasamente, también segará escasamente; y el que siembra generosamente, generosamente también segará. Cada uno dé como propuso en su corazón: no con tristeza, ni por necesidad, porque Dios ama al dador alegre" (2 Corintios 9:6-7).

Lección 44: "En Ti se halla perdón, y por eso debes ser temido" (Salmo 130:4 NVI).

Lección 45: "Y haré de ti una nación grande, y te bendeciré, y engrandeceré tu nombre, y serás bendición" (Génesis 12:2).

Lección 46: "...y de todo lo que me dieres el diezmo apartaré para ti" (Génesis 28:22).

Lección 47: "...y el que quiera ser el primero entre vosotros será vuestro siervo; como el Hijo del Hombre no vino para ser servido, sino para servir, y para dar su vida en rescate por muchos" (Mateo 20:27-28).

Séptima Unidad • Fechas especiales

Lección 48: "Decid a la hija de Sión: He aquí, tu Rey viene a ti, manso, y sentado sobre una asna, sobre un pollino, hijo de animal de carga" (Mateo 21:5).

Lección 49: "...aun estando nosotros muertos en pecados, nos dio vida juntamente con Cristo (por gracia sois salvos), y juntamente con él nos resucitó..." (Efesios 2:5-6a).

Lección 50: "Pero recibiréis poder, cuando haya venido sobre vosotros el Espíritu Santo..." (Hechos 1:8a).

Lección 51: "Y dará a luz un hijo, y llamarás su nombre Jesús, porque él salvará a su pueblo de sus pecados" (Mateo 1:21).

Lección 52: "Olviden las cosas de antaño; ya no vivan en el pasado. ¡Voy a hacer algo nuevo! Ya está sucediendo, ¿no se dan cuenta?" (Isaías 43:18-19a NVI).

Notas

N

www.ingramcontent.com/pod-product-compliance
Lightning Source LLC
Chambersburg PA
CBHW081226020426
42331CB00012B/3087
* 9 7 8 1 5 6 3 4 4 6 5 8 0 *